U0016171

半小時
漫畫中國史 4
一到宋元，梗就撲面而來

陳磊（二混子）——著

目　錄

一、五代十國廣場舞

有一棟大樓，屋齡大約三百年，有一天**轟隆**一聲，樓塌了。

之後這裡變成一個大廣場，廣場上有許多穿著各種花色衣服的大爺，他們猶如快樂的三黃雞❶，盡情地尬舞。

廣場中央有舞台，只有那些舞姿最騷的大爺，才有資格登上去，成為全場的焦點。

說到這裡，你以為我今天要傳授十步之內征服大媽的進階廣場舞步？

對不起，讓你們失望了！其實我要跟大家講的是**五代十國**。

這棟大樓就是唐朝。

這群大爺，就是曾經的各個藩鎮。大唐倒塌之後，全國變成了一個大廣場，藩鎮也都獨立成一個個國家。

這些國家中實力最強的，會占領當時全國的中心地區——**中原**，成為全國的代言人。

看似榮耀的舞台，其實兇險無比。每天都會有無數人來挑戰你，你分分鐘就得滾下台來。舞台上**輪番**出現五個朝代，依序為：

這就是**五代**。

後人為了區分史上同名的朝代，稱它們為**後梁、後唐、後晉、後漢、後周**。

當五代在舞台上輪流風騷的時候，周圍的國家在幹嘛？

有的一臉嫉妒，夢想著自己也上台風光一把；

有的一臉崇拜，甘當舞台上霸主的粉絲；

有的一臉淡定，專心摳腳，不管霸主是誰。

這些一輩子都在台下尬舞的國家，前前後後加起來有十幾個，被稱為**十國**。

看明白了嗎？以後如果還有人問你：五代十國到底什麼狀況？

這時候你微微一笑，說：你過來，看看這朵菊花——

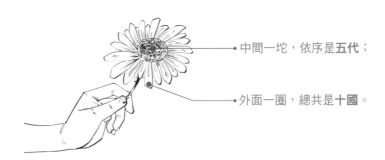

中間一坨，依序是**五代**；

外面一圈，總共是**十國**。

五代十國這段歷史看起來很亂，但並不複雜。倒是五代十國之外，有一個更重要的角色值得注意。

他是誰，他做了什麼？不要急，我們還是先從五代說起。

五代之一：**後梁**

　　推翻了唐朝的節度使**朱溫**，當然是藩鎮中實力最強的，他建立了自己的國家，叫作**梁**，也就是中原的第一個霸主。

　　朱溫一開始還挺有作為，他見過大唐的墮落，比較謹慎。誰知他年紀一大，思想就放鬆了，荒淫無度，連媳婦們也沒放過。

後來，終於因為選繼承人的問題，被其中一個兒子給捅死了。

你等一下！上面欺負你老婆這段，是拿來湊字數的？

可是，這個兒子沒什麼本事，上台之後，不但什麼都沒幹，還荒淫無度，馬上被朱溫的另一個兒子給幹掉了。

就在後梁內部一片混亂的時候，危機出現了：

後梁旁邊有個國家，之前的老大叫**李克用**，唐朝的大樓還沒倒之前，他也是一個很厲害的節度使，一天到晚跟朱溫幹架。

朱溫掛了，國家又亂七八糟，於是李家終於戰勝朱家，成為第二個霸主。

一首《梁涼》，送給你！

因為姓李，李家號稱要**光復大唐**，所以給自己的朝代取名為**唐**。

五代之二：**後唐**

後唐雖然是個山寨貨，但好歹帶了個唐字，一上場就自帶王者氣質。這時李克用已經死了，輪到他兒子**李存勗**（ㄒㄩˋ）當皇帝。

小夥子打仗很猛，一上來就把周圍幾個小國削了一遍。但凡這種強悍的男人，都有個問題：喜歡生猛的女人。李存勗身邊就有一個姑娘——

她有一些任性，還有一些囂張……
她有一些叛逆，還有一些瘋狂……

如果只是一般女孩也就算了，要命的是：

我就是這個女孩！

劉皇后——一個把國家當自家的女人，霸占國庫的錢給自己買包包，就算碰上打仗也非常強硬，死活不肯把錢拿出來。

加上李存勖自己在管理國家方面是個手殘黨 ❷ ，於是在夫妻雙方的共同努力下，國家很快就讓人給推翻了。

按說後唐的歷史到這裡應該就要結束了，結果新上台的皇帝叫**李嗣源**，是五代十國模範皇帝之一，還是姓李，於是把後唐的命又續上了。

李嗣源剛靠自己的實力打出一波小高潮，就有個兒子想搶皇位，但最後失敗被殺。但沒想到老頭心理素質不過關，被嚇得一哆嗦，也掛了。

　　剩下的兒子們照流程打來打去，沒想到最後的贏家，竟然是女婿。

　　這事情得怪其中一個兒子。經過一番猜忌爭鬥，自家兄弟已經死得差不多了，他終於當上皇帝了。本來好好當皇帝就行了，可是由於慣性作用，他又盯上了自己的妹夫（一說姊夫）：

大家注意了！
五代十國**最重要**的事件即將發生！幾分鐘之後，這個妹夫，將變成中國史上最重要的一個妹夫。

　　這個妹夫叫**石敬瑭**，其實本人萌萌噠❸，人畜無害，可是手裡有兵權，這讓大舅子常懷疑他要造反。

　　石敬瑭一臉無奈地躺槍，這就不是一般的悲劇了，可以叫「世界悲」。

　　這個妹夫在惴惴不安中瘦了幾十公斤，然後做了一個影響中國歷史的決定：求救。

　　他決定向誰求救？

　　讓我們跳出五代十國，望向北方，這裡有個少數民族。

　　他們有七個部落，首領們常一起擼串❹。中國人的飯局，吃著吃著，總是會吃出點問題。

但這次問題大了，其中一個首領突然在飯桌上痛下殺手，把大家擼了個乾淨，從此七個部落合體成一個國家。

這個首領，就是道上人稱「呼擼小金剛」的——

耶律阿保機

這個國家就是**契丹**。

　　大業剛成，他憋著一泡野心無處發洩，看隔壁中原大地打成了一團漿糊，總想來揩點油，就是死活找不到藉口。

　　就在這時候，石敬瑭看上了契丹。

利用國際關係解決家庭矛盾的，歷史上有不少，例如非洲第一女公關：埃及豔后。

可人家是豔后啊！往跟前一站，什麼都不用談，事情就搞定了。你石敬瑭拿什麼跟人談？

老子這麼瘦，一點都不性感！

　　最後雙方一商量，約定只要契丹幫助石敬瑭打敗大舅子，翻身做皇帝，石敬瑭就喊他爸爸！

　　除此之外，還有一份大禮包：

> 這個地方叫做**燕雲十六州**，送你了。

石敬瑭答應把當時的**燕雲十六州**送給契丹，也就是現在的河北、山西一帶。

石敬瑭的這個交易，為中國歷史留下了非常屈辱的一頁。

契丹開心到飛起，立刻幫助石敬瑭打敗了後唐，然後喜提雄安新區，心滿意足地回家了。

而石敬瑭也稱霸中原，建立了下一個朝代：**晉**。

五代之三：**後晉**

後晉這個朝代，一開始就散發著一股懦弱的氣質，因為國家都是契丹幫忙建立的，所以每年都要向契丹進貢。被契丹瞧不起也就算了，周邊國家也把他嚇得夠嗆。

例如南邊有個**吳國**，國君本來姓**徐**，在後唐被消滅之後，老徐馬上改姓了**李**，然後國名也改成了**唐**。

繼後唐之後，又強行把大唐給續上了。這個唐，就是著名的**南唐**。

你好，聽說你們這裡，姓李就能續杯？

南唐雖然只在十國的圈子裡混，但也是大殺四方的狠角色，屬於很搶戲的那種男二。最要命的是，還常跟契丹聯手，嚇唬後晉。

後來石敬瑭的養子繼承了皇位，他受不了這窩囊氣，跑去找契丹：

對不起，我們決定不再喊你爸爸了！

為什麼？

在我們這裡，連三歲的孩子都知道——

這個兒子對契丹說：我可以喊你爺爺，但我的國家不服事你們契丹了！

然後契丹就把後晉滅了。

接著在眾目睽睽之下，契丹人接替了後晉的舞台，當上了中原的霸主，還改了個國號，叫**遼**。

可是中原的地盤，有中原的規矩，契丹一個游牧民族，模式根本切換不過來，比如他們打仗不帶糧草，一路打，一路搶，走到哪吃到哪，這就不符合我們的國情了。

在我們中原，菩薩出門，
都得自備保溫杯。

於是到處受到反抗，其中有個叫**劉知遠**的最厲害，專門對付契丹人。

看招！

契丹沒想到,滅了後晉根本不算什麼本事,中原大地的高手都在民間!

於是契丹只能灰溜溜地跑回北方,結果剛剛跑到一片小樹林裡,國王就掛了。

這個國王是耶律阿保機的兒子——**耶律德光**。這片林子在河北,後來被稱為**殺胡林**。

契丹就此離開了中原，但是對中原的影響才剛開始。

契丹人走了，**劉知遠**當仁不讓地入主中原。

漢朝以後，幾乎所有姓劉的人，都自認有著大漢的官方血脈，所以劉知遠將自己的王朝命名為**漢**。

五代之四：**後漢**

當劉知遠打天下的時候，有一群兄弟，這些人後來成了他最重要的大臣。等到劉知遠死後，他的兒子開始猜忌這些叔叔。

其中一個被殺了全家，這個人叫**郭威**。

郭威立刻造反，把後漢給滅了。

然後建立了自己的朝代，
這就是五代之最後一代：**周**。

五代之五：**後周**

後周作為五代的最後一個朝代，也是五代中最強的朝代。郭威自己就是個很厲害的皇帝，而他的養子**柴榮**，也就是**周世宗**，更是五代十國裡最優秀的皇帝，沒有之一。

周世宗，對內整頓綱紀、減少賦稅，使國家變得很繁榮；對外相當強悍，把**南唐**和**後蜀**這樣的實力派統統揍了一遍。

他不光打周圍小國，高興起來連**契丹**都揍，當年晉送給契丹的燕雲十六州，也被他搶了一半回來。

工作這麼忙，他還抽空生了幾個娃，於是乎，終於累倒了。
等到選繼承人的時候才發現，他最大的兒子，才七歲。

剛立國，就讓小朋友當皇帝，這是非常危險的。小皇帝還沒在朝廷裡培養起可靠的勢力，隨便來個人就可以奪取皇位，連個親友團都沒有。

好了，五代十國差不多講完了，再往下，就到了令人興奮的**大宋風雲**。

怎麼只講了五代，十國呢？讓你吃了？

……

五代是主線，貫穿整個時代，十國當支線，作用是豐富構圖，所以我們不用過多深入，有興趣的話可以自己了解。

就這麼十幾個國家，故事也很普通：**前蜀、後蜀、南吳、南唐、吳越、閩、南楚、南漢、南平、北漢**……

有些在五代的時候就被滅了，有些還要死撐一會兒，等宋朝來削他們。總的來說，都是歷史的過客。

二、大宋風雲

1. 突如其來的陳橋兵變

上一章我們講到，五代十國的最後一代叫**後周**，非常厲害，可惜皇帝命短，留了個七歲小朋友繼位。

有一天，朝廷裡忽然有人大喊：

一個叫**趙匡胤**的保衛科科長，立刻挺身而出，帶著一票兄弟出去迎敵。

他剛走到開封一個叫**陳橋驛**的地方，兄弟們嘩一聲掏出一件黃澄澄的龍袍，二話不說就往趙匡胤身上披。

兄弟們說：皇帝那麼小，我們現在給他賣命，他長大後肯定就忘了，乾脆趙科長你來當皇帝吧，工作服都給你做好了！

趙匡胤當時就怒了：你們這是造反啊！龍袍這種東西能隨便穿嗎？

然後他一臉便秘狀地穿上龍袍，帶著兄弟們跑回朝廷把小皇帝擼了下來。

後周就這麼沒了，變成了趙匡胤的**宋朝**。這就是**陳橋兵變**和**黃袍加身**的故事。

這時天下的局勢，跟五代十國沒什麼區別，宋只是取代後周的另一個霸主而已。

所以宋朝的第一個任務，就是把天下統一起來。

可是在統一天下之前，趙匡胤還有個心病。為此他決定請大家吃個飯。

　　有一天他訂好包廂，叫了他一起造反的大臣們來喝酒。喝到一半，趙匡胤又一臉便秘狀：

趙匡胤又說：那你們哪天也被逼造反怎麼辦？

大家忽然感受到一陣殺氣。萬萬沒想到，突然就被套路了。

　　趙匡胤說：你們把兵權都交出來，回家吃喝玩樂，我給你們錢，這樣我省心，你們也開心。

話音剛落，大家都哭了。

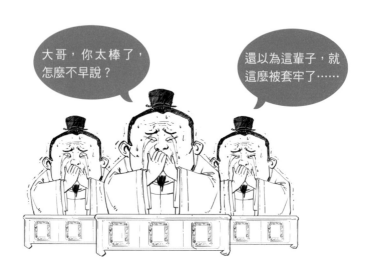

　　大家從來只看過莊家割韭菜，像趙匡胤這種，把自己活成了韭菜的莊家，還是第一次見。這種品種我們一般稱為：

　　於是第二天一上班，大家全部辭職了。

　　這事件就叫**杯酒釋兵權**，可能是史上最成功的股權交易。

身邊的威脅沒了，趙匡胤還不放心，又定了許多規矩來確保安全。

例如宋朝的軍隊是這樣的：文官是統帥，平時負責管理軍隊，武將負責打醬油。

一旦要打仗了，把武將喊來，帶兵出門，打完再把部隊還給文官。

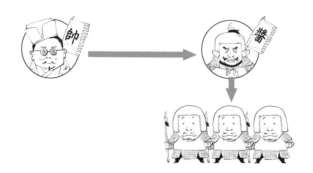

公務員系統也是交叉管理，我管你的部門，你管我的部門，隔幾天再互換。

　　這樣一來，將領和士兵不熟，領導和幹事不熟，全國上下都是臨時工，搞不了小團體，也就不可能窩在一起謀反。這聽起來好聰明有沒有？！

　　可是將領平時不跟士兵一起訓練生活，互相之間沒有默契，一旦跟人家打起仗來：

　　再例如，為了防止地方造反，宋朝老弱病殘的士兵都放在外地，精兵強將全在中央。

結果地方上一打仗，就得把中央的部隊派出去，士兵每次打仗都跑到陌生的地方，又累又不熟悉地形。

　　所以我們該怎麼評價宋朝的戰鬥力呢？這麼說吧：

如果朝代都是超級英雄，
那麼漢朝就是美國隊長，
他英勇霸氣，是民族的象徵。

唐朝就是雷神，
他實力爆表，神一樣的存在。

而宋朝，就是**鋼鐵人**！

這貨要不是有錢，已經死了二十次了。

想到自己的皇位是從前任老闆那裡搶來的，趙匡胤有點愧疚，於是給了柴家一塊憑證，帶著它隨便上哪兒、幹嘛都沒人管，這就是：

傳說中的免死金牌。

好了，我們回到劇情上來。

一開始，趙匡胤的宋朝還是挺強的，畢竟接了後周的盤，兵強馬壯，上來就開始收拾周邊的小國家。

但不幸的是，趙匡胤跟弟弟喝了一場大酒後突然過世，所以後來真正統一天下的，其實是他的弟**弟趙光義**。

你們心心念念的南唐後主**李煜**，就是被趙光義滅掉的。他不但接管了李煜的國家，還「接管」了李煜漂亮的老婆。江山美人都讓人占了，逼得李煜只能發文表達鬱悶：

春花秋月何時了？往事知多少。
小樓昨夜又東風，故國不堪回首月明中。
雕欄玉砌應猶在，只是朱顏改。
問君能有幾多愁？恰似一江春水向東流。

趙光義聽到這首詞很不爽，很快就把李煜毒死了。這首著名的**《虞美人》**，也就成了李煜的絕命詞。

　　中國歷經五代十國的分裂，現在逐漸走向統一。應該說，**大宋王朝**從這裡才正式開始。

就是這個時候，大宋真正的麻煩也開始了。第一個麻煩，就是當年被趕走，但一直堅守在邊境外流口水的契丹，也就是**大遼**。

後晉送給契丹的**燕雲十六州**，被後周搶了一小塊回來，然後遼宋雙方都不爽，都想集齊完整的燕雲十六州。

從此哥倆開始沒完沒了地打架。

收拾完十國，大宋的戰鬥力就不夠用了。因此，在與大遼幾十年的拉鋸戰中，大宋幾乎沒打贏過。

但是大遼也沒有絕對的優勢。畢竟大宋也是有高手的，像是有個叫楊業的，大家都敗下陣來的時候就他能打勝仗。

沒錯，他們家就是全家找老婆不看顏值看武力值的一門忠烈——**楊家將**。

後來大遼皇帝打煩了，想趕快終結戰爭，於是親自到大宋砸場子。御駕親征就算了，關鍵他還帶了一個祕密武器：

親媽蕭太后

契丹可能是中國史上最有文化的少數民族了，儘管如此，他們也只有兩個姓：皇帝家族姓**耶律**，皇后家族姓**蕭**。

　　當時宋朝的皇帝**宋真宗**，直接嚇傻了，他死活沒想明白：契丹的男生出來打架，為什麼要帶著媽媽？

這事情我喬峰最有發言權！
因為契丹的爸爸，
只會坑兒子。

　　宋真宗正要逃跑，有個叫**寇準**的宰相及時制止了他：

皇上別怕！帶著媽咪出門的男生，是不可能有戰鬥力的！

因為一旦打起仗來，大概是這樣的：

宋真宗說：那你說說看，我該怎麼做？寇準說：我能不能用一張表情來表達？真宗說：你趕快！

宋真宗覺得寇準說得好有道理，於是一咬牙御駕親征。

接著大宋、大遼兩個boss在河南一個叫**澶州**的地方鉚上了。

誰知剛一碰面，大遼發來一則訊息：我們私了？

宋真宗正在蓄力，一下子蒙圈❷了，但終於不用玩命了，他還是很高興：棒棒噠，來談條件吧。

最後大宋談出來一份很憋屈的合約：大宋只要**每年**給大遼發一個幾十萬兩的大紅包，大遼就不來惹事。

　　這就是著名的**澶淵之盟**，這個合約簽了之後，宋遼果然成了
「塑料兄弟」❸，相安無事一百年。

澶淵之盟聽起來挺鬧心，但為大宋贏得了一百年相對和平的時期。這段期間宋朝安心發展經濟，成了中國歷史上的土豪 ❹ 朝代。

　　好了，跟契丹的恩怨算是告一段落了，大宋正想著好好高興一下，第二個麻煩來了：

　　還記得唐朝的時候，有個叫**黃巢**的造反者嗎？當時有一個叫**黨項**的少數民族幫助政府毆打黃巢。

　　唐朝皇帝很高興，稱他們為**定難軍**，還在西北方給了他們一塊地盤，叫**夏州**。

唐朝沒了，夏州現在
又變成了**大宋**的藩鎮，大
概就在右圖的這個地方：

後來，這個夏州當
萬年小弟當煩了，乾脆獨
立單飛，自己建了個小國
家，這就是**西夏**。

　　一個小弟，說單飛就單飛，大宋很沒面子，於是跑過去收拾西
夏，結果你猜怎麼著？
　　大宋讓西夏給收拾了。

　　然後怎麼辦？宋朝只能選擇原諒西夏，不但放他自由，還每年給西夏一大筆錢，以保兩國和平。

大哥，你們宋朝處理分裂，
用的是婚姻法啊？

因此，當我們在聊北宋的時候，其實聊的是三個命運相關的國家，他們就是被稱為三足鼎立的：

西夏、大宋、大遼

　　經過了這麼多事，大宋看起來實在是有些弱小。有一個宰相叫**王安石**，覺得這個國家的制度有問題，必須得變，於是就有了**王安石變法**。

　　變法就像愛情，首先得碰到對的人，因為變法的是宰相，點頭的可是皇帝。

　　王安石比較幸運，他的老闆是比較有理想的**宋神宗**，這個皇帝全力支持變法。

　　但王安石的新法很激進，遭到了許多人的反對，神宗也有點壓不住了，於是開始動搖。

王安石變法涉及國家的稅收、兵役、農業等各方面，把窮人富人都得罪光了。例如**蘇軾**一家和**歐陽修**，都很有意見。

也就是說，唐宋八大家裡，大概只有**柳宗元**和**韓愈**對王安石沒什麼意見。因為他們是唐朝人。

　而宋神宗這個人有個缺點：做事不堅持。不只變法不堅持，連動搖這件事都堅持不了，動著動著，又不動了。

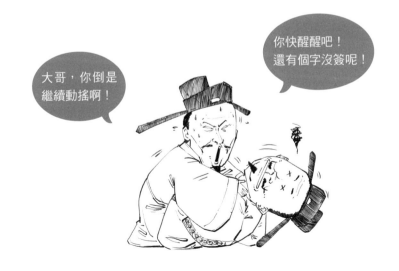

失去了皇帝的支持，王安石開始遭遇致命的打擊。

變法就像愛情，你搞定了對的人還不夠，真正的考驗在於：你能不能搞定對方的媽。

宋神宗死的時候，兒子還很小，所以**高太后**出來垂簾聽政，主理國家大事。

就是這個高太后，特別不喜歡王安石的新法。

在**江西撫州**的王安石紀念館裡，王安石的塑像屹立其中。他神態威嚴，面色凝重，彷彿在向人們總結這場變法的教訓：

大家要記住，
不要跟帶孫子的奶奶談創新。

高太后大手一揮，換了個和她一樣保守的宰相，一上台就把新法廢得一乾二淨，全面恢復了舊法。

這個新宰相就是王安石的死對頭**司馬光**。

所以，其實大宋有過這麼一次變強大的機會，
但被司馬光搞砸了。

現在連不識字的老太太，都知道司馬光這輩子
可能只做了一件事：

司馬光！砸光！

不過司馬光也沒得意多久，沒幾年他就過世了。然後新黨舊黨
開始輪番主導朝廷。

　　王安石因為激進，所以主持的新法沒幾年就下線了。不過這幾年，大宋的軍事實力提高了許多。

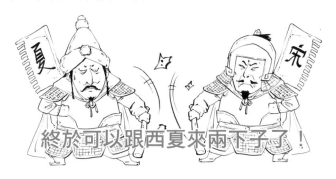

終於可以跟西夏來兩下子了！

　　高太后雖然保守，卻是非常優秀的管理者。這個時期，社會穩定而且繁榮。

　　所以不管新法還是舊法，只要心繫江山社稷，結局總不至於太差。

　　但就在大宋穩中見升的時候，一個文藝青年出現了。如果他只是個普通的文藝青年，世上將多出一個偉大的藝術家，可惜他不普通，因為他是——

宋徽宗

二、大宋風雲

2. 文藝青年宋徽宗上台

　　上一章我們說到了**宋神宗**，他最著名的事蹟就是支持了王安石變法。

　　宋神宗雖然命不長，但對大宋王朝來說，他真正的影響其實在於，他生了很多兒子。

　　其中一個兒子接了神宗的班，他就是**宋哲宗**。

　　不過他的命更短，兒子都沒生一個，人就掛了。

按照慣例，大家要從他的兄弟裡挑一個繼位，這個任務就交給了神宗的大老婆：

向太后

一般人聽到這裡基本上就懵了：向太后和這一幫兄弟是怎樣的關係呢？如圖所示：

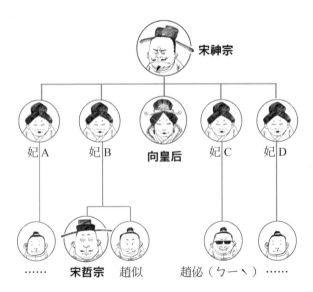

（僅羅列相關人物）

　　看明白了吧？向太后自己沒兒子，怎麼挑都是別人家的孩子，於是老阿姨決定回歸初心：真正以一個太后的身分為大宋挑選皇帝。

　　結果回歸的時候一不小心沒剎住，回過了頭，直接回歸到了她的本質：

一個**中國大媽**。

　　大家知道，坐過站的大媽是很可怕的，因為她會帶著所有人跑偏。

　　於是，大宋王朝需要一個怎樣的皇帝這個問題，就被向太后生生帶偏了，變成了：

一個中國大媽，
喜歡怎樣的男生？

當時有兩位兄弟最有希望：

趙佖最有資歷，但眼睛不好使，向太后說：不行！五官不正，三觀能正嗎？

趙似血統最正，跟哲宗是一個媽生的，但向太后此時是一個普通大媽，她是不會讓情敵的兩個兒子都當皇帝的。

那該挑誰呢？向太后提出了一個全新的人選，他在眾兄弟中，血統、資歷統統不夠，但是──

他長得帥！會畫畫！最重要的是，他還會賣萌！

萌萌噠……

他聰明伶俐，言語乖巧，能夠以各種姿勢討好向太后，讓一個後媽體驗到了親媽的待遇。

世界上很少有男人，能對中老年婦女造成如此系統性又全面的殺傷力。於是一個文藝小鮮肉，就這樣被頂上了皇帝的寶座。

他叫**趙佶（ㄐㄧˊ）**，也就是**宋徽宗**。

所以，不要以為給「愛豆」刷個流行榜就厲害了，你們離真正的媽媽粉差遠了。

老娘刷的是中國全民榜！

對於這個決定，許多人是有意見的。有個宰相說：「姐姐，又帥又會畫畫的男人，一定很輕浮！」

人家對你好點，你就把天下都託付了？

然而這種意見對向太后是沒什麼用的：

你有沒有死過老公？

趙佶能當皇帝，其中一個原因是他比哥哥眼神好，可是等他真正上了位，大家才發現：這小子才是真的瞎。

提起徽宗，永遠繞不過他身邊最親近的「四大金剛」：

蔡京　　　高俅　　　童貫　　　楊戩

兩個宰相、兩個太監，總共——

三個純爺們 ！

這個組合號稱**四士三公**。

這「四大金剛」沒一個好東西，個個阿諛奉承、欺上瞞下，他們輔助宋徽宗，帶大宋王朝走到了盡頭。

道理很簡單，拿到一手大牌的時候，就代表這局馬上要結束了。

我們來看看，宋徽宗在位的時候，到底發生了什麼事。

1. 內亂

讓趙佶當皇帝，是件很荒謬的事情，因為他是個藝術家，琴棋書畫樣樣精通，而且造詣極高。

這樣的人不專心搞藝術，為什麼要去應徵皇帝這個工種？學藝術的同學可能一下子就看到了問題的本質：**學費太貴了。**

趙佶這種藝術家中的戰鬥機，他要找點靈感，不是金錢玩家根本玩不起，於是只能去當皇帝了。

從趙佶變身宋徽宗，他蒐集裝備的能力也變強了。

一旦聽說哪裡有奇花異草，他就一定要搞到；誰家院子裡有塊怪石，他就派人直接衝進去端走，還不能磕碰，哪怕是拆橋修路也要一路護送到手邊。專門負責運送這些東西的團隊，叫**花石綱** ❷。

要是都這樣了靈感還出不來怎麼辦？

那就再去四處逛逛。

　　他沒事就去逛京城的各大「夜總會」，據說還經常單獨打賞網紅歌姬**李師師**。

不過宋徽宗和李師師的風流韻事，很可能是虛構的。根據部分考證，李師師可能比宋徽宗大了二十歲。

皇帝沉迷逛「夜總會」，傳出去不太好聽。為此宋徽宗也設立了一個單位，專門安排這類活動，以後皇帝出門就有正當名義了。

所有這些開銷，當然都從國庫來。

大家知道宋朝本來就有一個重任，那就是維護世界和平：

現在皇帝還要用公費找靈感，怎麼辦？

沒關係，有**蔡京**和**童貫**這兩個宋徽宗最信任的大臣，他們幫著皇帝四處搜刮百姓。

例如有一天，朝廷的人跑到一個地方說：「鄉親們，這裡的水域都歸皇上，以後進去撈個魚、摸個蝦什麼的，都得繳錢。」

然後有個叫**宋江**的朋友，呼啦啦招了三十六個兄弟，扯起大旗跟朝廷造反。

和朝廷整整耗了兩年，宋江才被鎮壓下去。對了，這個地方就是**水泊梁山**。

這就是《水滸傳》的故事原型，不過真正的宋江起義只是宋朝無數起義中很普通的一場，沒那麼精彩，也沒有一百零八條好漢。

歷史上的高俅，跟宋江起義也沒啥關係。事實上高俅只是個油滑人物，不算是大奸臣，只是在小說裡被大大地加工了。

起義中真正屬害的人物是個江浙農民工，叫做**方臘**。

他的起義才叫厲害，朝廷不得不動用主力部隊去鎮壓，這才把方臘給**放倒**了。

然而，方臘倒下了，真正的問題也出現了。

2. 外禍

前面介紹過，大宋有個冤家叫**大遼**，為了燕雲十六州，兩邊打得頭破血流。

最後實在沒辦法，坐下來簽了個合約**澶淵之盟**：都別爭了，各回各家各找各媽。

　　兩家**消停**了一百多年，宋朝經濟大發展，很快經歷了一段盛世，變成了史上最土豪朝代；而大遼呢，玩脫了。

　　我們先來看看大遼的位置，大概是這樣的：

　　這麼大一個國家，有許多個民族。北方民族風格很兇猛，不好管，所以慢慢地，就有一部分不聽話了。

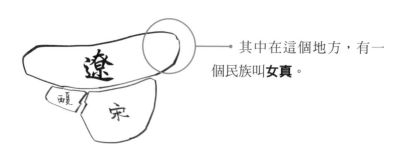

其中在這個地方，有一個民族叫**女真**。

歷史上，在這個地方生活的人有過許多名稱，
除了**鮮卑**，還有**女真**等，個個彪悍。到了今
天，他們仍然有一個戰鬥力爆表的名字：

東北人

　　女真族有個名字聽起來像賣跌打藥酒的首領，叫**完顏阿骨打**，
他帶著大家鬧獨立，準備隨時幹翻老大哥**大遼**。

你瞅啥 ❽！

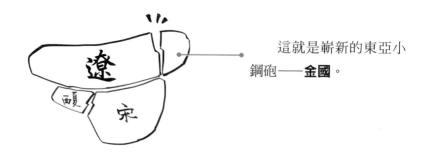

這就是嶄新的東亞小鋼砲——**金國**。

完顏阿骨打的這個小心機被大宋發現了。大宋跟大遼「槓」了這麼多年，也沒占到什麼便宜，現在忽然冒出來一個小鋼炮，迎來了嶄新的局面：

槓上開花！

於是大宋派了一個小弟，
假裝跑去東北買馬，偷偷從山
東坐船來到金國傳話：

阿打你好，
我們一起來！
幹死大遼吧！

哎喲，
不錯哦！

這個**大宋**和**金國**夾擊大遼的計畫，叫**海上之盟**。

宋朝這行為，被許多人認為是不厚道的背約。
宋遼盟約之後，雖然總是有摩擦，但大遼也基
本安分，沒有什麼企圖。

終於等到了動手的日子，女真不愧是馬上的民族，一路往西殺過去，大遼根本沒有招架之力。

金國都殺得差不多了，也沒聽到大宋的消息。大宋的人呢？

後來一打聽，大宋這邊，居然被大遼幹翻了！

大宋實在有點丟臉。在攻遼之前，大遼跑來一把鼻涕一把淚跟大宋求情：

然後，大遼哭哭啼啼地，把大宋放倒了。

是的，大遼一邊被金國殺得搖搖欲墜，一邊居然在大宋這兒大獲全勝。

那麼問題來了，大宋為什麼這麼弱？

因為本來說好要去攻打大遼的部隊，這時候正在打方臘呢！

大宋靠不上，金國乾脆自己動手，把整個大遼給滅了。

從此，大宋北方的遼國消失了，取而代之的是強大的**金國**。

這件事的結局很尷尬，大宋和金國說好的兩邊合作滅遼，結果工程全讓一家做完了，怎麼辦？

金國當然不同意大宋的要求，但完顏阿骨打還是象徵性地從燕雲十六州拿了一點點還給大宋。

本來金國只是想滅掉大遼，但經過這次合作才發現：大宋原來是個這麼弱的國家啊！

於是金國隨便找了個藉口，大舉南下要吃掉大宋。

這時候，**完顏阿骨打**已經死了，跑來侵略大宋的是他弟弟**完顏吳乞買**。

宋徽宗不慌不忙，因為他早在二十六年前就想好了對策：

我是不會當亡國之君的！

今天他終於亮出了殺手鐧！

這就是**宋欽宗**，可能是中國歷史上唯一為了背鍋而生的皇帝。

大宋都讓他爹給禍害完了，他也沒轍，於是莫名其妙地割讓了一大塊地。

平心而論，宋欽宗是有志向的，一上台就先把幾個奸臣給剁了；但個人能力實在令人著急，兜不住他爹留下的爛攤子。

越是割地，就越弱勢。第二年，金國又找了個藉口，直接打到了首都開封，要錢要糧要姑娘。

但大宋朝已經被宋徽宗給掏空了，實在拿不出錢來，於是**宋徽宗、宋欽宗**，以及整個趙家皇室，就在這個時候被綁去了金國。

都用這麼大的鍋子！

　　堂堂大宋，整個皇室被綁架了，金國為大宋帶來了歷史上前所未有的滅頂之災。

　　宋徽宗大概以為有了新皇帝，自己就能全身而退，結果如意算盤竟然落了空。

先生，強烈建議您嚐嚐我們新推出的嫩雞堡，

肉質更嫩，口感更好噢！

這件事發生在大宋**靖康**年間，史稱**靖康之變**。

皇帝一家都沒了，按說大宋就該滅亡了吧，結果金國人走的時候可能忘了查名單，當時趙家還有一個人正在南方，成了漏網之魚。

他就是**趙構**。

二、大宋風雲

3. 北宋被逼成了南宋

　　在大家的印象中，北宋一倒，緊接著就是南宋，但其實這中間還有故事。

　　金國人打到宋朝首都開封，點了「皇帝全家桶」，還打包帶走，把趙家老小全部綁到了東北。

　　這事件稱為**靖康之變**，是大宋的滅頂災難。

宋朝皇帝沒了，留下這麼大的地盤怎麼辦？金國也是剛變成東亞小鋼炮，還有點不適應，地盤太大吃不下來，於是找了個原宋朝官員：

張邦昌

　　金國人逼張邦昌當大宋的皇帝，意思是：

親，我這裡有個大宋，麻煩你替我保管一下……

　　然後就回東北了。

　　然後張邦昌鬱悶了：人家當傀儡，好歹還有個幕後黑手，我這算什麼？

　　更重要的是，這個姓張的不想當皇帝，因為他心裡「住著」一個趙家人。

　　趙家全家都被綁到了東北，但漏了一個人。靖康之變的時候，他正好在外地喊人來救駕，結果等全家都走了，他才趕來。

這就是**趙構**，宋徽宗的兒子，宋欽宗的弟弟。

張邦昌趕緊讓位給趙構。在他眼裡，趙構當皇帝才是正統。

就這樣，趙構變身成了宋高宗，大宋又回到了趙家人的手中。

一般認為，這就是**南宋**的開端，但其實這個時候，皇帝和首都都還在河南。

這裡我們要感謝**宋徽宗**，正是因為他生了不少兒子，兒子們分散在各地，沒有被一網打盡，才保住了大宋。這個故事告訴我們：

不管你信不信，區塊鏈技術是一項利國利民的技術。

接下來金國和南宋會打來打去，亂得一塌糊塗，不過別擔心，大家只要記住一個人就行，南宋前期著名的事件，大都跟他有關係。

他是金國名將，大宋死敵：

完顏宗弼

如果這個名字你們記不住，沒關係，在漢人這邊，他還有一個響亮的稱呼：**金兀术**。

那這個金兀术，到底都做了些什麼呢？

一、把北宋逼成南宋

金國人一回頭，這才反應過來，哎呀漏人了！於是重新回來收拾大宋。

這次南征部隊的首領就是**金兀术**。

趙構剛坐上龍椅，金國又殺了過來，嚇得他趕緊跑路。往哪兒跑呢？

一路向南。

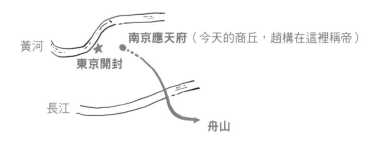

黃河
東京開封 ★
南京應天府（今天的商丘，趙構在這裡稱帝）
長江
舟山

趙構一路逃到浙江海邊，沒地方跑了，就繼續往海上跑。

怎麼還追到這來了！

　　金兀术一路攻城掠地，追到海上，好在遊牧民族海戰不行，才沒追上宋高宗。

　　最後沒轍，金兀术只得撤退回家。

　　但既然已經深入了大宋的地盤，回家就沒那麼容易了。才撤退到長江邊，金兀术先是碰到了大宋名將：

韓世忠

他帶著一支艦隊，攔在江面上：

韓世忠本人打仗已經很厲害了，關鍵是他還有個更加犯規的操作：

他找了個會打鼓的女人當老婆，全程擂鼓助威。

每一個成功男人的背後，
都有一個特別能搗鼓❶的女人。

這就是中國歷史上，也可能是世界歷史上第一個啦啦隊隊長：
梁紅玉。

你不要臉！
你用外掛❷！

　　大家知道，姑娘一旦開始「哈韓」，那是不要命的。最後韓世忠只用八千人，就把金兀术十萬部隊逼到一個叫**黃天蕩**的水港，足足堵了四十八天。

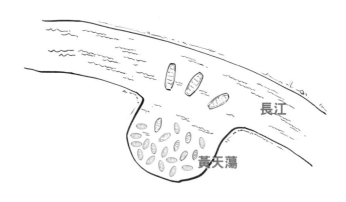

面對外掛和水軍的雙重打擊，場上留給金兀朮的時間已經不多了，他當即決定：

儲值！

然後他花錢找了個熟悉地形的當地人，為金國部隊出謀獻策，這才成功突圍。

這就是南宋與金國著名的一仗：**黃天蕩之戰**。

打完這一仗，家住東北的金兀朮先生哭著說：以後打死老子也不渡長江了！

金兀术好不容易逃到南京，一抬頭，嚇壞了，這一生的宿敵正在等著他：

岳飛

金兀术追趕趙構的時候，岳飛就帶著小弟一路追來。如今金兀术掉頭回家，跟岳飛碰了個正著。

岳飛可是個狠角色，所有人都知道他有個會紋身的硬核❸媽。

　　先不說岳飛可能是南宋最能打仗的將領，他一上來氣勢就先碾壓你一頭：

然後金兀术就被岳飛按在地上一頓摩擦。

最後金兀术灰溜溜地逃回了金國。

這金兀术是金國名將，也是完顏阿骨打的親兒子，他之前在大宋四處征戰難逢對手，結果碰到韓世忠和岳飛，被「水陸兩欺」。

　　雖然金兀术回了東北，但宋高宗已經不敢回北方了，就在杭州臨時安頓，於是杭州被稱為**臨安**。大概在這之後，**南宋**才真正開始。

　　宋朝皇帝在浙江，金國在東北，中間的黃河一帶現在也歸了金國，但他們還是懶得管，於是又找了個漢人傀儡，在這兒建了一個國家叫**大齊**，當緩衝帶：

　　所以這個時候中國的局勢是這樣的：

　　除了要對付金國，南宋還得對付一個漢人同胞的偽政權。

不過這個大齊沒什麼用，很快就被岳飛打得連親媽都不認識，金國人乾脆又把大齊收回來，這樣宋金兩國又黏在一起了。

這個時候，岳飛在北方已經收復了很多土地，抗金形勢相當不錯。

大概就在這段時間，杭州被正式定為**行都**。所以大家要搞清楚：杭州沒當過南宋的首都，它是行都。

雖然皇帝在杭州，但北方沒有被放棄，所有人心目中真正的首都，還是**開封**。

　　就在這個時候，金國鬧起了內訌，完顏家族自己吵得火熱。南宋一看，停戰的機會來了！趕緊給金國發了個私信：我看你們家也挺忙的，要不我們別打了？

　　金國說：那行，停戰一下。於是兩邊坐下來談和。

這就是南宋和金國的第一次和議。

結果宋朝忘了一件事：

大意了！
東北人吵架超快的！

合同剛剛簽好，金國的內訌就結束了。

二、岳飛之死與紹興和議

金國自己人不吵了，金兀术又跳了出來，他撕毀合約，再次帶著小弟氣勢洶洶地殺到了南宋。

不過沒關係，因為——

有岳飛在。

　　金兀术上次吃了虧，這次有備而來，帶著他所向披靡、最令人
聞風喪膽的騎兵部隊——**拐子馬**。

所謂拐子馬，指的是一種騎兵。

在女真人的騎兵陣形裡，中間的一堆重騎兵，叫**鐵浮圖**；兩翼配合的輕騎
兵，叫**拐子馬**。

這種陣形看上去無懈可擊，可是碰到了岳家軍就歇菜 ❹ 了。岳飛讓士兵們用
一把大長刀專砍馬腿，拐子馬瞬間崩潰。

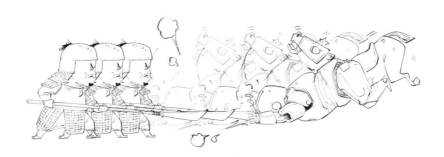

這次金兀术被打得沒脾氣了，留下一句話：撼山易，撼岳家軍難！

金兀术混得這麼慘，因為世界上有兩種男人根本惹不起：

被戳出一身洞洞的男人 & 怒髮衝冠的男人

而他一口氣全碰上了。

　　金兀术正要帶著兄弟們再次撤退，有個手下跑過來說：大哥穩住，表面上是你輸了，其實你已經贏了！

據我觀察，岳飛活不了幾天了……

果然，就在岳飛挺進下一個戰場**朱仙鎮**的時候，宋高宗一天連發十二道金牌，喊他回家，如果不回來，就是造反。

當地老百姓怕岳飛走後，金國人會回來報仇，哭得稀里嘩啦，於是岳飛頂著壓力多留了幾天，等到把老百姓全部轉移才回師。

　　宋高宗幹嘛喊岳飛回家？他的心路歷程是這樣的：

　　宋高宗剛上台的時候，還是有志於抗金的，但後來可能是躲到海上泡了幾天，慢慢生出一個非常愚蠢的想法：

萬一真把金國給打敗了，把我哥宋欽宗接回來，我上哪兒去？

他本來就很焦慮，結果還碰到個打了雞血的岳飛，沒事就揍金國一頓，每天喊著要把徽、欽二宗搶回來，宋高宗更加鬱悶了。

　　眼看著岳飛在前方又打了勝仗，高宗坐不住了。這時候有個宰相跑出來說：

　　這小子就是**秦檜**。

其實秦檜曾經也主張跟金國死磕 ❺，但估計是跟宋徽宗一起被綁架到東北的時候被洗了腦，回來之後一心談和。

這個提議正中高宗下懷，於是他趕緊把岳飛從前線拽了回來，又讓秦檜處理求和這件事。

秦檜為了表示對金國的誠意，等岳飛一回來就卸了他的兵權，然後又找了個藉口，把岳飛喊到大理寺，祕密殺害了。

大理寺就是宋朝的法院，裡面有個亭子叫**風波亭**，據說岳飛和他兒子就是在這裡被處死的。

事後韓世忠問秦檜：

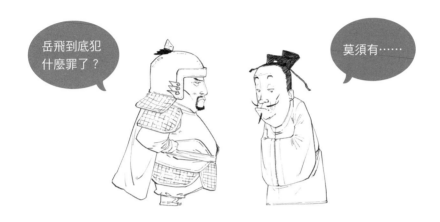

這就是**莫須有**的來歷，它的意思是：大概有吧，難道沒有嗎？

　　南宋可戰而不戰，誠意滿滿，金國挺滿意，終於雙方達成了和平協議。

這就是南宋悲劇性的第二次和議：**紹興和議**。

這個紹興和議，
到底有多悲劇呢？

首先，南宋自己把岳飛殺了；其次，南宋向金國稱臣、送錢；
最後，淮河以北都給了金國。

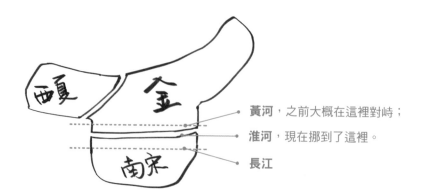

黃河，之前大概在這裡對峙；

淮河，現在挪到了這裡。

長江

這麼大的代價，換來了什麼呢？

金國送回宋徽宗的棺材（徽宗此時已死），以及高宗的親媽**韋太后**。

當然，哥哥**宋欽宗**依然被關著。

沒了。

當然了，除此之外，紹興和議還有一個重要的意義：又迎來了二十年的和平期，這二十年的發展讓南宋到達了世界經濟、文化的巔峰。

二十年後，宋金哥倆又將開始新一輪的對決，不過那個時候，這些已經變成不足為慮的小問題了。

為啥呢？

因為一個很大很大很大很大的問題出現了：

二、大宋風雲

4.彪悍的蒙古人來了！

南宋簽完**紹興和議**，離滅亡大概還有一百四十年。在這一百四十年裡，南宋用實際行動證明了自己可能是歷史上最沒心沒肺的一個朝代：

只要沒被打死，立刻又能經濟文化科技大發展，迅速成為全世界最發達的國家，生機勃勃。它可以發達到什麼程度呢？

從前，歷史一直是推著獨輪車前進的，到宋朝時，改騎自行車了，因為──

沒有什麼是歷史的車輪碾不死的，如果有，那就再碾一輪子。

現在就來給大家解釋解釋，什麼叫**再碾一輪子**。

上一章說到**紹興和議**，這個特別虧的和議客觀上給南宋又換來了二十年和平期，南宋又繁榮得不得了，可是二十年之後，還是出事了。

金國有個人品特別好的宰相，叫**完顏亮**。

這位朋友謙卑有禮，溫良恭儉，大家都誇他是個好寶寶。

但忽然有一天，完顏亮畫風突變，跳起來造反，自己當上了金國皇帝。

大家這才反應過來：**男人溫柔像條狗，不是心機就是醜。**

這點我不同意，醜就一定溫柔嗎？

這個完顏亮當了皇帝之後，徹底放飛自我，變得荒淫無比，居然把家族裡的女性長輩納入後宮。

嬸子，你這個髮型不流行了，去做個頭髮吧？

後來，據說他聽了一個叫**柳永**的宋朝網紅寫的一句歌詞：**三秋桂子、十里荷花。**

這種美好的意境讓他不由自主地搖擺了起來：

歐巴！江南 style！

於是他決定帶著小弟，親征南宋。

結果他剛走到長江，就被打懵了。

南宋有一個參謀叫**虞允文**，純粹的文官，連武將都不算，正好在長江邊給戰士們犒師，大概就是送溫暖：

　　他一到前線，發現大家沒啥鬥志，於是當即發揮特長，做了一番慷慨激昂的演講。大家聽完後頓時熱血沸騰，跟著虞允文拚死抵抗。不到兩萬人，硬生生把完顏亮十五萬人擋在了長江以北。

　　這個地方叫**采石磯**，這一仗就叫**采石大捷**。

上面這個結果，虞允文和完顏亮雙方大概都是不服氣的。對虞允文來說，很明顯他距離更大的勝利，只差了一小步。

要是宋朝有 PPT，
老子直接就能把你們說趴下！

而完顏亮，他壓根兒就沒想明白，自己怎麼連個長江都跨不過去。

一個人如果連長江都過不去，
那和鹹粽子有什麼分別？

於是他命令部隊三天內必須渡江，不然就去死。部隊的將領們想了想，三天確實渡不了，然後就把完顏亮給弄死了。

堂堂金國皇帝，聽了一句宋朝網紅的歌詞，然後敗給了一個參謀，最後就這麼死在了長江邊。

聽說學文科是個坑，
我一直以為是坑他們自己。

　　不過很可惜，這次激動人心的勝利，基本上就是南宋在戰場上最後的輝煌了。

　　完顏亮是沒了，但金國皇帝又換了一輪，宋金哥倆還得繼續「相撕風雨中」。

　　接下來的時間裡，南宋不知道為何，自我感覺特別良好，經常沒事就北伐金國，說要收復失地。

先是有個皇帝**宋孝宗**，趁著金國內亂，跑過去北伐，結果被打敗了，簽了個**隆興和議**，割地，賠錢（不過雖說賠錢，但雙方合計了一下，讓大宋每年固定給金國送的錢變少了）。

隆興和議大概維持了四十年，南宋又繁榮起來，跟個沒事人一樣。四十年後有個宰相，又嚷嚷著北伐，結果又被打敗了，簽了個**嘉定和議**，每年要送給金國的錢又變多了。

總之，南宋在這段時間基本上沒幹別的，光給錢了。

話說這個嘉定和議簽完，沒過幾年，南宋忽然做了個決定：不給金國錢了！

因為就在這個時候，金國出大事了！

好吧好吧，開個玩笑。但金國確實是出大事了。

歷史的前輪已經碾完了宋朝，現在後輪該上來了！

為什麼這麼說呢？
如果你見過自行車，就該知道它的特點是：**後輪和前輪，長得一模一樣！**

當年北方遼國稱霸的時候，被小弟金國造了反，而如今金國稱霸北方，歷史又開始了它的套路：

　　金國也有個小弟民族，就在它西邊的草原上，叫**蒙古**。

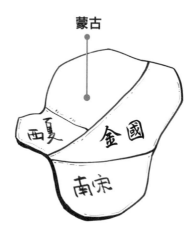

　　蒙古人非常彪悍，但是他們各個部落之間很不團結，所以被金國壓迫了許多年。不過這個時候，部落裡忽然冒出來一個人，他用強大的凝聚力把大家統一了起來。

　　他就是**成吉思汗——鐵木真**。

各個部落在他的帶領下凝聚在一起，變成了一個超級強大的蒙古國。

鐵木真統一蒙古之後，立刻找金國顯擺 ❶ 了一下實力，誰知昔日的東北大哥金國，一上來就被打懵了。

金國跟宋朝打了多年交道，士大夫的毛病染了一身，當年騎馬打天下的強悍作風已經消失殆盡。

不過蒙古人沒有立刻把金國滅掉，打到一半跑到中亞，抽空揍了一把**西遼**和**花剌（ㄌㄚˋ）子模**，這部分我們將在之後的篇章詳述。

　　等到蒙古人再來打金國的時候，金國皇帝已經逃離了首都**開封**（蒙古占領了黃河以北後，金國也遷都到開封）。
　　於是鐵木真只能把他們一家老小都綁架走。

是不是似曾相識？金國曾經就是在這裡，點了宋徽宗全家桶。

來到開封，當然要點開封菜！

那麼問題來了：金國皇帝逃到哪去了？

　　逃到了一個叫蔡州的地方。蔡州在哪裡不重要，大家只要知
道，對於蒙古人來說，這裡不太方便下手，於是他們找到一個不錯
的合作夥伴：

聽說你們也想
收拾金國？

這就是**南宋**。蒙古終於和南宋勾搭上了。

金國人嚇壞了，也來找南宋：

> 我們不是有合同嗎？一起幹掉蒙古吧！

這個畫面是不是似曾相識？當年金國和大宋一起攻打遼國的時候，遼國也是這樣來求情的。

不用說，以宋朝的尿性 ❷，果斷放棄金國。**公元一二三四年**，南宋跟蒙古一起，終於把金國給滅了。

你們有錢人真棒，
找個搭檔都得挑日拋型的啊！

大宋和金國之間的國仇家恨，到這裡終於得以平復。

而宋朝親手送走了遼國，又送走了金國，現在該面對蒙古帝國了。

又是似曾相識地，跟金國一樣，蒙古一開始沒想打南宋，對於套馬的漢子來說，南方無馬的田間地頭，實在不是很有吸引力。

蒙蒙，
站起來！

但是南宋就是有一種謎之體質，無論面對什麼人，總能讓對方看上自己。

本來和蒙古一起滅掉金國，結局挺圓滿的，並且雙方約定：繼續以淮河為界，以後做彼此的天使。

可是沒多久，南宋不知道哪根筋搭錯了，再次想起北方曾經是自己的地盤，然後又衝過去收復失地。

連蒙古人都懵掉了，這時候他們已經征服了歐亞大陸許多國家，還沒見過像南宋這麼敢玩的。

於是蒙古人很生氣地把他們給趕了回去，然後終於決定：吃掉南宋。

南宋打仗雖然一般，但防守可以說是相當嚴密的，蒙古人從北向南打，碰了一鼻子灰：

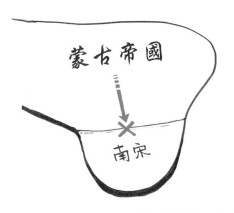

南宋長年與北方強敵為鄰，正面防守能力被鍛鍊得超強，即使是打遍大半個歐亞大陸無敵手的蒙古人，也無法正面突破南宋防線。

於是蒙古人決定改變策略：

他們計畫兵分幾路，其中一路從西南繞過來，夾擊南宋。

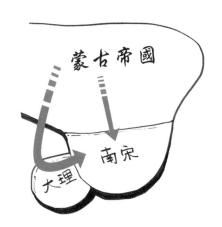

於是南宋還沒怎樣，雲南的大理國先被滅了。

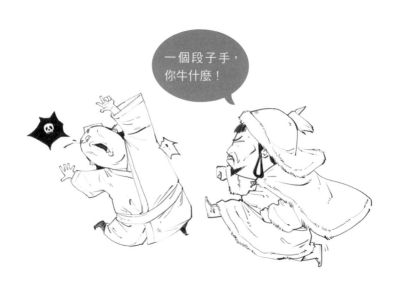

搞定了西南，蒙古人正要對南宋下手，千鈞一髮之際，蒙古國鬧內訌了，南宋的宰相**賈似道**趕緊跑來求和。

當時攻打南宋的主力將領就是**忽必烈**，他為了趕回蒙古搶大汗的寶座，只能答應賈似道議和，然後撤退了。

等家事搞定，蒙古人又回來了。

不過這一次他們不再迂迴，而是選擇了正面硬剛。

而這個正面硬剛的戰場，就是南宋最最重點防禦的湖北——

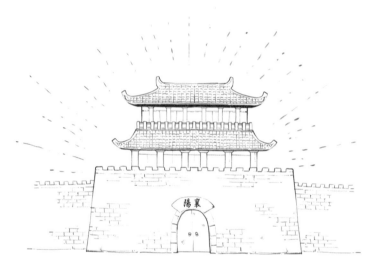

襄陽城

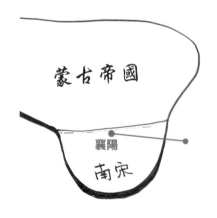

襄陽大概就在這裡，它相當於南宋的門戶，只要打開了襄陽，就打開了南宋。蒙古人曾經幾次攻下襄陽城，但都被南宋拚死奪了回去，可見其戰略地位的重要性。

為了拿下襄陽，蒙古人死死地圍住它，不給援軍任何機會解圍。

同時，蒙古人用西域巨炮劈頭蓋臉地猛攻襄陽城。

這種從西域來的巨炮，其實就是巨型投石機。

　　襄陽城就這樣被圍了五年，皇帝竟然都不知道，因為宰相賈似道一直隱瞞戰況。這種形勢下，襄陽城就算是銅牆鐵壁也無濟於事，最後終於被蒙古人攻破了。

有瀏海的沒瀏海的，戴帽子的不戴帽子的，各種版本的郭靖都試過了，沒一個救得了襄陽城。

　　襄陽城一破，南宋的防線就此崩潰，大臣們只能帶著新上任的小皇帝一路南逃。

　　歷史又一次出現了意味深長的套路：南宋第一個皇帝，從河南往南逃到了浙江；南宋最後一個皇帝，從浙江又往南逃到了廣東。

　　似乎只要南邊還有退路，帝國就可以活下去。但很可惜，廣東已經是陸地的最南邊，皇帝已經無路可走，大宋也到頭了。

　　小皇帝和他身邊的大臣們在廣東附近的海面上跟蒙古追兵進行了最後一場海戰——

　　　　　　　　全軍覆沒。

　　一個叫**陸秀夫**的大臣，為了不受蒙古人侮辱，背著小皇帝，跳海自盡。

隨後，十萬大宋軍民也跳入海中。

這個地方叫**崖山**，這場讓大宋政權真正滅亡的戰鬥，叫**崖山海戰**。

歷時三百二十年的大宋王朝，就這樣淹沒在了崖山的海浪之中。

二、大宋風雲

5. 番外篇——宋朝為何這麼有錢？

每當提起宋朝，大家都是一副恨鐵不成鋼的表情。

我喬峰一個外國人都看不下去了！

按照傳統的說法，大宋王朝有**三大弊病**：

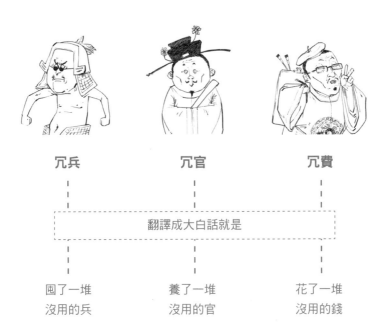

冗兵	冗官	冗費
翻譯成大白話就是		
囤了一堆沒用的兵	養了一堆沒用的官	花了一堆沒用的錢

再加上成天被各種鄰居吊打，所以在大家的印象中，大宋朝就是：

積貧積弱！

雖然這些問題確實存在，但是有誇大的嫌疑，實際上在宋朝脆弱的外表下，隱藏了一個驚人的事實：

我們雖然弱，但禁不住咱有錢！

比如北宋畫家張擇端的**《清明上河圖》**，就真實還原了北宋都城**東京（開封）**的面貌。

《清明上河圖》（局部）

這幅畫上有小賣部、大商場、路邊攤、紅燈區、酒店、蒼蠅館子❶、來做買賣的老外……

大宋應有盡有，商業繁華，交通發達，放到今天，一點兒也不輸現代商業城市。

而南宋的**臨安**，雖然沒人畫過，不過根據史書記載，也是一點不輸開封的國際大都市。

然而，問題也來了：

憑什麼大宋這麼有錢？

大宋的錢從哪兒來的？

宋徽宗是哪家夜總會的VIP？

今天我們將會以三十二倍濃縮來介紹**宋代經濟**，請大家扶穩坐好。

通常我們說一個國家經濟發達，主要是指**農工商**各行各業，**種類多、花樣足、能賺錢。**

農
種地的

工
手藝人

商
生意人

但要做到這一點，其實並不容易。

一、大宋憑什麼這麼有錢？

很久以前，大多數老百姓的日子很單調，自己種田，自己吃飽，這叫**小農經濟**。

所以，社會上農民的數量就占了大部分。

而其他人，只占了一小部分。

農　　　　　　工　　商

　　而宋代最大的特點，就是除了農業給力之外，工商業也極度發達。

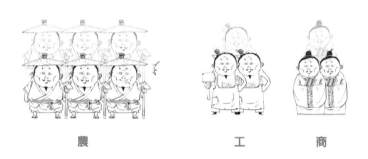

農　　　　　　工　　　商

　　在一個面朝黃土背朝天的農業社會，要想發展第二、第三產業，就要做到這幾點：

1. 有一批不用種地的閒人；

2. 有足夠的糧食餵飽他們。

發現沒？農業是關鍵！

那相較從前，宋代的農業有哪些改進呢？

故事是這樣的：

宋代以前，不管是朝廷，還是地方，實際控制權力的，是一堆非常顯赫的家族，叫作**門閥士族**。

這些士族通過軍功、聯姻等手段上位，在各地稱**霸**，有軍隊，有堡壘，一個個都是「土皇帝」，連朝廷都不敢輕易動他們。

士族們過得很爽，可是他們家裡的農民就慘了，基本沒什麼人身自由，全年無休為士族打工，勉強比奴隸好一點。我們把這類人叫作**農奴**。

方圓幾百里的大莊園裡，成千上萬的農奴辛勤工作，就為養活不勞而獲的寄生蟲。

我們把這種經濟模式，叫作**莊園農奴制**。

不過，這種制度隨著唐朝滅亡消失了，原因主要有以下幾點：

科舉制：
讓草根也有機會當官，削弱了士族
對官場的壟斷。

均田制：
地種久了，就歸你了，等死後再還
給國家。這樣老百姓就有了自己的
土地，減少了對門閥士族的依賴。

各種戰爭：
唐末軍閥、起義軍的領袖中，也有
很多人討厭士族，比如黃巢。他攻
入長安之後，把士族殺了一大半。

總之，最後的結果就是：

士族涼了……

就這樣，基層幹部換了人，另一批人上台了。

中小地主階級，大部分是草根出身，家族規模小，沒有軍隊，也沒有力量控制農民，就像一個個小型暴發戶。

地主的權力大大縮水，地主與農民的關係也發生了很大的變化：

這樣一來，農民做得越多掙得越多，幹勁十足，糧食產量越來越高。糧食一多，大家開始一股勁生孩子，人口也就越來越多。

人多了，土地卻有限，多出來的這些人怎麼辦？

進城唄！

就這樣，越來越多的人湧入了城市，當起了手工藝人，或者去做買賣，宋代的工商業也越來越繁榮。

發達的農業，加上農民工進城務工潮，為大宋的經濟打好了基礎。

二、大宋的錢是從哪裡來的？

要想了解宋代如何繁榮，如何有錢，最直觀有效的方式，就是了解一下宋代的經濟格局。

1. 外貿發達

北宋時期，沿海有五大港口，國貨從這裡走向世界，海外貨從這裡進入中國。

山東密州　杭州　寧波　泉州　廣州

到了南宋，北邊淪陷，位於山東的港口密州也成了金國的領土，不過其他四個港口卻更加繁榮。

宋朝政府對海外貿易也十分重視，在這五個港口設立了**市舶司**，類似於現在的海關。

除此之外，還在這些港口劃出地盤，讓來做生意的老外在此安家。

除此之外，宋朝和北方鄰國，比如遼、西夏、金的貿易都很密切。

舉個神奇的例子：金國建國後，懶得鑄幣，直接把南宋的銅錢拿來用，為此他們想盡辦法，派商人去南宋賺外匯。

　　咱搞清楚了怎麼做國外生意，接著就是下一個問題：在大宋國內，不同地方的人怎麼做買賣？

2. 內需強勁

俗話說：要致富，先修路。國內做買賣，首先要保證交通順暢。

這就要感謝一位歷史級的敗家子：

隋煬帝楊廣

不客氣！

當年，他搞了個史上最牛基建：**大運河**。

北宋為了方便交通運輸，在此基礎上繼續興修水利，把**東京（開封）**變成了全國交通中心。

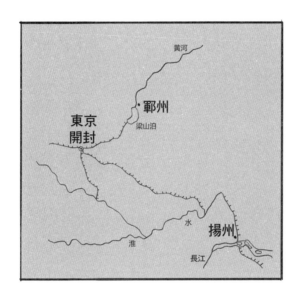

交通一發達，買賣就好做了。

我們簡單粗暴地小結一下宋朝的經濟格局。北宋經濟能外能內，但是都離不開水，這種結構就叫：

外貿（港口）+內河（城市）

但是，只了解這些是不夠的，光說不練假把式❷，下面我們就以北宋都城開封為例，看看當時到底繁華到什麼程度。

三、北宋都城開封有多繁華？

下面就來舉幾個例子：

1. 開封有多少人？

開封是個百萬人口的大城市。這是個什麼概念呢？同時期的倫敦，只有一萬五千人；歐洲最大的城市巴黎，也就十來萬人。

2. 開封有多熱鬧？

中國的城市發展史，在宋朝進入了一個新階段，這時候的城市比之前熱鬧多了，原因也很簡單：

我們有夜生活啦！

宋朝以前，歷朝歷代都實行**宵禁制度**，晚上不許隨便上街，抓到就要蹲拘留所。

早就說了，
宵禁，很疼！

而到了宋代，宵禁令放寬，這下大家營業的時間更長了，所以夜市就興盛起來，進一步拉動了GDP。

這也告訴我們一個道理：**早下班，才能拉動國家經濟。**

教練！
我想去過夜生活！

滾犢子❽，
回來加班！

二、大宋風雲：5. 番外篇──宋朝為何這麼有錢？ | 181

3. 開封的業餘生活有多豐富？

商業發達的開封，從不缺乏好玩的地方，在《清明上河圖》裡面，你就能看到一大堆酒樓。

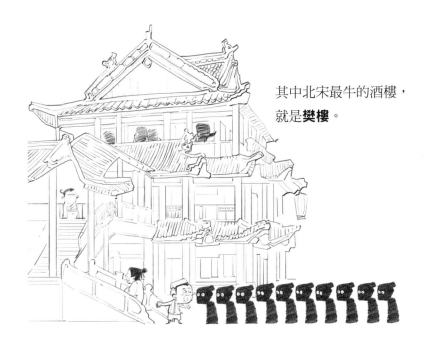

其中北宋最牛的酒樓，就是**樊樓**。

樊樓是開封最大的酒樓，生意超級火爆，不來樊樓吃個飯喝個酒，就不算來過開封城。

但是吃飯歸吃飯，有件事你也要注意。這裡可不僅僅是個酒樓，還有很多……

據說，宋徽宗就是在這兒跟李師師約會的。

　　除了這些高檔的酒樓，開封城裡還有一種娛樂場所：**瓦舍**。

　　大概就相當於現在的戲院，藝人會表演各種節目，火爆的節目會風靡全城。

據說宋仁宗特別喜歡相撲，尤其是**女子相撲**。有一次宋仁宗與民同樂，搞了個比賽，還賞賜了表演者。

可是**司馬光**看不下去了：兩個穿著火辣的妹子扭打在一塊，天子居然愛看這種東西⋯⋯

於是他上書把宋仁宗噴得狗血淋頭，並要求以後瓦舍裡也不能表演這種東西。

總之，大宋的開封城，特別繁華。當然，繁華之下，其實也暗藏危機，比如貧富差距過大、城池守備鬆懈等，這為後來的靖康慘案埋下了伏筆。

好了，關於大宋的番外，就講到這裡，還有很多有趣的東西，我們就不在這兒一一列舉了。

大家有興趣的話，可以找 **《清明上河圖》** 和 **《東京夢華錄》** 看一看，這是記錄開封城最翔實的兩種資料。

三、元朝帝國

1.蒙古從二手小弟成為歐亞大老

　　蒙古帝國是世界歷史上連續版圖最大的帝國。什麼叫連續版圖最大？

　　就是如果鼎盛時期的**大英帝國**和**蒙古帝國**相遇：

　　那這麼大的帝國，是怎麼來的？

話說當年遼國被金國滅了之後，遼國的其他民族又變成了金國的小弟。有一個民族大概生活在這個地方：

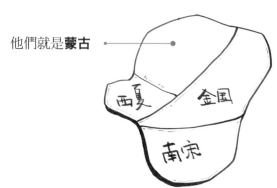

他們就是**蒙古**

日後大名鼎鼎的蒙古帝國，當年不但給人當過小弟，還是個二手的。

蒙古各部落生活在大草原上，彼此很分散，大家除了放羊，也沒什麼娛樂生活，於是部落間吃飽了沒事就抄傢伙對練，互相仇視。

　　其中有個部落，老大叫**也速該**。有一天終於抓住了另一個世仇部落的大哥，把他給砍了。

這個大哥叫

鐵木真兀格

　　也速該砍完世仇之後心情超級美麗，覺得必須趕緊把這件事記錄下來，留個紀念。

　　就在這個時候：

於是這個新生baby，就有了一個名字：

鐵木真

如果你覺得當年的蒙古人只會打仗，沒有文化——

阿爸，你給我起個名字都得抄襲啊？

那麼你就錯了：

　　沒多久，也速該又捲入了部落鬥爭，沒了。年輕的鐵木真只能自己帶著部落生存下去。誰也沒想到，他身上有著強大的軍事和領導才能，不久就把其他部落統統收拾掉了。

以前鬆散的蒙古各部落，從此變成了一個統一的國家：

蒙古帝國

鐵木真也就成為整個蒙古國的老大，被尊稱為無比強大的可汗：

成吉思汗

不過忽必烈這個皇帝，厲害之處在於，他清醒而智慧地意識到一件事：

要在漢人的地盤上當老大，遊牧民族style是不行的。

畢竟——

漢人的頭頂上，是不可以有草原的。

所以蒙古人必須**漢化**。

　　從此，元朝官員的設置、國家管理，都開始用漢人的制度，大家還學漢語、習漢俗，連首都都從**蒙古**往南搬到了**元大都（今北京）**。

北京從此變成了中國的政治中心，直到今天。

　　漢人以農耕見長，蒙古人只會放牛放羊。而到了元朝，統治者也開始鼓勵蒙古人種田、種棉花了。

不過在此之前，整個中原差點讓蒙古人改成牧場，全部拿來放羊。還好這個決定被勸阻了。

因此在忽必烈時期，元朝不僅商業發達，歷經戰亂的農業也奇蹟般恢復得相當不錯。

那麼忽必烈還幹了什麼厲害的事？

對不起，沒了。

蒙古人滅掉南宋，竟花光了所有運氣。此後元朝再也沒打過一場勝仗，無論對手是多麼小的國家。

比如當時的**日本**：

蒙古滅南宋之前，就去打過日本，結果玩扯了。因為蒙古和日本之間——

隔了一片海。

蒙古人開船去日本，結果刮來一陣颱風，艦隊被捲得人仰馬翻。
一次失敗澆不滅蒙古人的野心。幾年後，蒙古人滅了南宋，又重整旗鼓，向
日本進發。

然後又刮來一陣颱風。

這兩場讓日本倖免於難的颱風，被日本人稱為**神風**。二戰的時候，日本的自殺式飛機就被命名為**神風敢死隊**。

他們以為**神風**可以再次拯救日本，然而他們大概沒想明白一個問題：

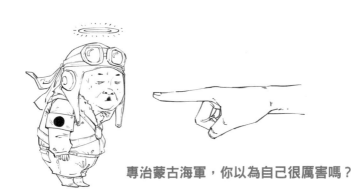

專治蒙古海軍，你以為自己很厲害嗎？

　　除了日本，元朝還打過**越南、緬甸**等，這些戰爭要麼是蒙古人在海上被打翻了，要麼是因為當地太熱待不下去，最後都沒有「收成」。

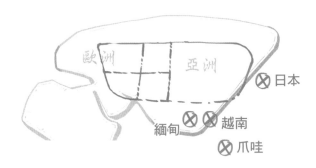

我們看到，原來蒙古人也不是戰無不勝的。

遇水就化，遇熱就軟。

這個事實告訴我們：草原上飛奔的，不一定是駿馬。
它也有可能是**大白兔**。

這就是忽必烈時期的元朝。

然而這個時期一過，大家就發現：元朝真正的問題，可不是蒙古海軍不夠強這麼簡單。

二、元各種「宗」的元中期

元朝的漢化搞得還不錯，然而也僅僅是不錯而已。蒙古人搞漢化，只是為了統治漢人，並沒有理解漢人的精神。元朝之所以存活不到一百年，是因為他們至少有兩件事沒漢化明白。

1. 皇位繼承

漢人的王朝，基本都能維持三四百年，其中的一個原因是他們很看重一個規矩：老皇帝沒了，長子頂上；長子沒了，長孫繼續，依此類推。

全體都有！
保持隊形！

這叫**嫡長子繼承制**，從周朝就開始了。

這個制度的優點在於，誰是下一任皇帝早已說得清清楚楚，按規矩來。雖然篡位的事情不少，但多數時候，皇權交接都是平穩的。

但蒙古人不一樣。如果大汗死了，全家人先坐下來開個會，選一個最厲害的人出來做下一個大汗。

元朝建立之後，大汗也開始指定接班人，但是蒙古人打心底裡沒切換過來，還是認為誰最厲害誰才能當大汗。

所以每當有新大汗繼位，就會引發全家人的「驕傲放縱」，大家都認為自己才是整個蒙古帝國最靚的仔。

於是頻繁地發動奪位政變。

因此在忽必烈死後的四十年裡，就連換了十個皇帝。

一般來說，漢人皇帝的繼位是這麼個路線：

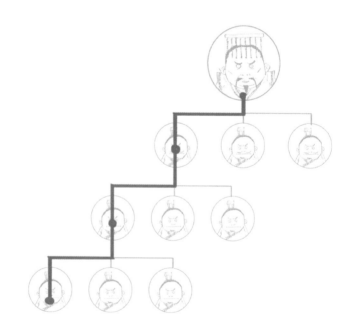

看上去賞心悅目有沒有？一家人就要整整齊齊。

而在元朝，十一個皇帝是這麼傳的：

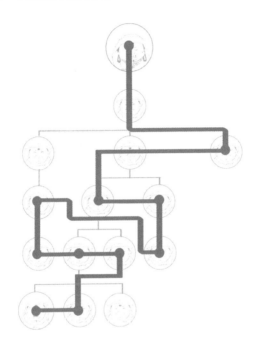

元朝是歷史上罕見的能把皇位繼承順序玩成貪吃蛇的朝代。

由於篇幅所限，我們就不逐一介紹這些皇帝了，因為他們除了宮鬥，值得重點介紹的事跡並不太多。

　　在元朝，幾乎所有的皇帝上台，首先都要忙著宮鬥，沒心思治理國家；也幾乎沒有一個皇帝的政策，能被安安穩穩地執行下去，因為沒幾年就換風了。

因此在元朝中期，國家從來就沒有穩定過。

2. 民族制度

如果說繼位制度只是朝廷的內部矛盾，那麼除此之外，元朝最大的問題是沒搞明白——

漢人皇帝是怎麼帶著這麼多民族一起玩的？

在漢人皇帝的眼裡，天下所有的民族都應該被一視同仁。

唐太宗就是一個非常典型的具有偉大的帝國胸懷的皇帝。

但蒙古人的做法不同。元朝的百姓被分成四等，地位從高到低是這樣的：

蒙古人	色目人	漢人	南人
	西域各民族	原金國人	原南宋人

注意！這裡的漢人指的是原金國人，包括漢族、契丹、女真等，他們大部分是北方人；而南人指的是原南宋漢人和其他民族，他們大部分是南方人。

鑒於蒙古人強大的戰鬥力和分類強迫症，元朝的百姓，活出了今天上海人的風範，他們每天被迫思考同一個問題：

色目人地位高，因為他們善於經商和理財，
這些技能幫蒙古人積累了大量財富；南人地
位最低，因為南宋是最後才被征服的。

喔，他有錢，地位就高，
我新來的，地位就低。

你們蒙古帝國
怎麼那麼勢利眼呢？！

等級差別意味著全方位立體式的不平等，比如漢人犯錯罰得比蒙古人重，漢人科舉難度也比蒙古人高。

　　還有更加重要的：**等級越低，稅越重**。

　　元朝花錢的地方很多，比如：蒙古貴族不繳稅，朝廷還要不斷給賞賜；元朝對外拚命打仗，還老打敗仗，連越南都打不過。

這些巨大的開銷，幾乎都靠剝削**漢人**而來，尤其是**原南宋漢人**。

不過所謂的**四等人**，並不是一項成文的制度，而是一種普遍的社會原則。因為要把人清清楚楚地分成四等，也是件滿不靠譜的工作，難度可想而知。

比如你怎麼區分金國漢人和南宋漢人呢？

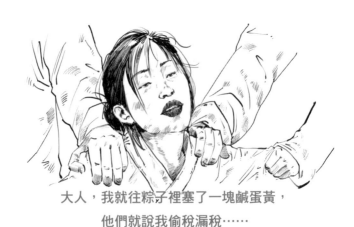

大人，我就往粽子裡塞了一塊鹹蛋黃，他們就說我偷稅漏稅……

正是因為元朝社會充滿了各種不平等和政治腐敗，才把歷史舞台上最狠的角色給逼出來了：

農民起義

別人家的朝代，一般都是到了最後一百年，農民才登場起義，而元朝總共一百年，一開場就瀰漫著強烈的緊迫感：

總共就這點劇情，
再不出場，你還想進彩蛋啊！

所以元朝的農民，堪稱中國歷史上最勤勞的一屆，他們從頭到尾一直在起義。

就在這種朝廷不消停、國家不安定的局勢下，元朝迎來了最後一個皇帝：

元順帝

元順帝是元朝在位時間最長的皇帝，一人就幹了三十五年，頂了大概三分之一個元朝。

但我們接下來重點聊這個皇帝，並不是因為他工齡長，而是因為他將為中國歷史牽扯出一個重量級的傳奇人物——

三、元朝帝國

3. 壓不住的農民起義

元朝最後一個皇帝

元順帝

　　他能當上皇帝，大概是上天注定的：

　　他爹是皇帝，但皇帝沒當幾天，就讓自己的弟弟，也就是元順帝的叔叔，給害死了。元順帝的叔叔篡了皇位。不久，叔叔的兒子死了，於是叔叔有了權力鬥爭史上最重大的發現——**良心發現**，死後把皇位還給了元順帝的弟弟。

　　然後元順帝的弟弟也死了。

哎喲，你們元朝皇帝厲害了，
上班都坐彈射座椅啊-!

結果就是，元順帝在十三歲的時候，忽然接到一個offer：

我們這裡有個皇帝
的職位，你準備一
下盡快報到。

　　原以為元順帝又是一個匆匆過客，誰知道這個皇位他一坐就是三十五年，頂了大概三分之一個元朝。

雖然他在位時間是挺長的，但也改變不了元順帝是元朝末代皇帝的事實。也許上天選他出來，就是給整個元朝背鍋的，畢竟他的名字叫——

孛兒只斤・妥懽帖睦爾
與蒙古語裡的**「鐵鍋」**諧音。

　　當然這是後話，下面來開始聊聊元朝最後的那些日子。

莫名其妙當上皇帝，元順帝哆嗦著上了位。這一哆嗦，有人就高興了：好嘛，來了個軟柿子。

比如宰相**伯顏**，他把持著朝政，把元順帝當傀儡用。

不過伯顏錯了，男人哆嗦，不一定是害怕，他可能只是突然想上廁所了。

元順帝其實已經祕密找好了同伴，準備一同對抗伯顏，而這個同伴不是別人，就是伯顏的親姪子。

伯顏的親侄子有一個聽上去很性感的名字：

脫脫

有天伯顏約順帝打獵，元順帝說：我有病我不去。

　　等到伯顏獨自出門後，脫脫和元順帝就立刻關上門發動政變。等到伯顏回來，脫脫給他列了多條罪狀，把他擼掉了。

　　伯顏被擼，脫脫就成了下一任宰相。

脫脫被稱為一代名臣，給元朝來了一堆很厲害的改革，如恢復科舉、減免賦稅、整頓腐敗等。

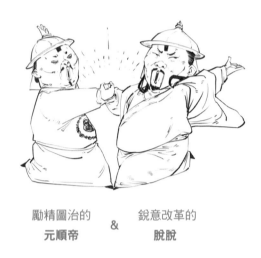

勵精圖治的　　　　　 銳意改革的
元順帝　　　&　　**脫脫**

這個君臣組合，居然讓風雨飄搖的元朝有點要回血的樣子。

然而元朝的氣數將盡，一個脫脫是救不了的，脫光都救不了。就在政治上稍微有些起色的時候——

黃河又決堤了。

俗話說，閻王約你三更見，不敢留你到五更。說好的元朝九十八年，就是九十八年，多一天都不合適。

黃河一決堤，朝廷就得找農民工來修。治理黃河本來是件利國利民的事，結果被幹出了禍國殃民的社會效果：

朝廷強徵十五萬農民工幹活，而底下的小官吏坑了朝廷的撥款，農民工收不到工資。

元朝終於迎來了致命的衝擊：

元末農民起義

其實農民起義是貫穿整個元朝的，但前期的起義分散在全國各地，很快都被壓了下去。

而到了元末，農民們已經積累了一整朝的怒氣，一個火星子下去，呼啦啦一大片就爆了，根本停不下來。

故事是這樣的：

一個黃河決堤，把大家整得民不聊生，這個時候民間到處都在轉發一句謠言：

莫道石人一隻眼，挑動黃河天下反。

意思是只要看到一隻眼的石頭人，就該造反了。

要命的是，忽然有一天，還真有人從黃河裡挖出來一個獨眼石頭人。

於是大家沸騰了，說要搞大事。

就在這時，安徽有兩個**白蓮教**的小領導，趁機扯起了一桿大旗造反。

他們一個叫**韓山童**，一個叫**劉福通**。

這兩人平常就有很多粉絲，粉絲們馬上衝過來說要跟著他們一塊幹。

一塊組團，氣勢上不能輸，首先得有統一的制服。於是大家選擇戴上紅色頭巾：

因為據說這樣的一坨紅色，能給當家的統治者，尤其是男性統治者，帶來極其絕望的視覺震懾力。

全國農民工都被這個紅色給帥到了，於是也紛紛戴上紅色頭巾，在各個地方造反。

他們就是元末農民起義裡最最重要的一支力量：

紅巾軍

紅巾軍雖然是**韓**、**劉**二人最先發起的，但紅巾軍並不是個統一的組織，實際上他們有很多團隊，在各地各自為政。

比如最重要的有兩支紅巾軍：

安徽的
韓林兒 & 劉福通

湖北的
徐壽輝 & 彭瑩玉

創始人韓山童剛起義就被當地派出所剿了，後來他兒子**韓林兒**頂上，但這支隊伍的實際領導是**劉福通**。

徐壽輝是湖北黃岡人，而彭瑩玉是江西一個和尚，道上兄弟喊他彭和尚。

除了紅巾軍，還有其他起義勢力，比如：

江蘇的**張士誠**　　＆　　浙江的**方國珍**

大家各自忙著造反的工作。下面我們重點說說安徽的**韓林兒 &
劉福通**這一支。

這一支紅巾軍在安徽的
另一個地方有個分部，領導
叫**郭子興**。

有一天他的部隊裡來了個年輕人，打仗特別厲害，沒多久就成了郭子興的左膀右臂，郭子興甚至把女兒都嫁給他。

大家猜到了吧，這個年輕人就是小時候吃不起飯，出家當了和尚，然後還是吃不起飯，於是乾脆跑來參加起義的傳奇人物：

好的老闆，不談情懷，直接解決個人需求。

朱元璋

他娶的這個老婆，就是今後著名的馬大腳馬皇后。

到這裡，我們說點題外話，在中國歷史上最重要的皇帝中，只有兩個是白手起家的：

一個叫**劉邦**

一個叫**朱元璋**

他們有個共同點：都在創業之初就遇到人生的真愛，一路相伴，同甘共苦。

邦女郎**呂后**　　　　　　　　　　　　大腳馬**皇后**

而他們在當上皇帝之後，都沒有拋棄結髮妻子，成就了她們一代國母的風範，最後傳為佳話。

二位能不能談談，如何在婚姻中做到不忘初心的？

歷史大咖秀

好了，說正事兒，上面看明白了嗎？簡單地說，這時候朱元璋上頭有兩個領導，一個大領導**劉福通**，一個小領導**郭子興**。

小領導郭子興後來在自己隊伍中因為小派系鬥爭，心情不是很美麗，然後就掛了，

而大領導劉福通要幹大事，做夢都想推翻元朝，帶著主力部隊一門心思往北方打，一直打到了元朝上都。

不過最終還是起義失敗，自己也戰死了。

於是，靠著大小領導用生命的栽培，這一支紅巾軍的最高領導最後變成了**朱元璋**。

原來你是我的朱大哥！

朱元璋實力慢慢變強，壓力也變得很大。安徽這個地方不夠用了，他得找個能緩解壓力的地方。

於是他一路遷移，最後來到一個新的戰略要地，這裡從此也變成了朱元璋的根據地。

在這裡，朱元璋找到對付鴨（壓）的一百五十種方法。

這個地方當時叫**集慶**，朱元璋來了改叫**應天**，今天它叫作**南京**。

就在去南京的這段時間裡，朱元璋用心經營自己的勢力，結識了很多今後重要的夥伴，比如大名鼎鼎的**劉伯溫**。

著名的**「高築牆、廣積糧、緩稱王」**的發展戰略，也是在這期間確定的。憑著這九字真訣，當其他造反勢力在高調稱王的時候，朱元璋悶頭在南京發展，積累了豐厚的戰略資源。

你們都在打雞血，
而我，在吃鴨血。

這個戰略還告訴我們一個道理：文言文未必就比白話文簡潔。因為它翻譯成大白話只有六個字：**猥瑣發育，別浪 ❶**。

好了，現在我們來梳理一下全國的局勢：

在北方，元朝朝廷雖然還沒倒下，但是被劉福通狠狠搗了幾錘子，已經奄奄一息。

脫脫不在，
我照樣灑脫！

宰相脫脫很有本事，可是後來被政敵陷害，掛了。元順帝沒了脫脫，變成了一個昏君，每天吃喝玩樂，荒淫無度，眼睜睜看著各支造反派發展壯大。

　　而在南方，所有的起義團隊，都變成了割據一方的軍閥。在他們眼裡，元朝不足為慮，當下該考慮的問題是怎麼打敗競爭對手，然後成為蒙古人的終結者。

　　起義團中有三支隊伍最厲害：

首先是南京的**朱元璋**，他的大領導**劉福通**此時還在北方跟元朝打仗，但離戰死不遠了。

右邊是江蘇的**張士誠**，他很有錢，喜歡固守。

左邊是湖北的徐壽輝，他後來領導了江西的另一支紅巾軍，但這時候他已經掛了。現在這支紅巾軍的領導是徐壽輝的小弟、朱元璋人生中最大的敵人——同樣大名鼎鼎的亂世梟雄**陳友諒**。

朱元璋發現自己正處在一個艱難的局面：進退兩難。

世上每一場三缺一，最後都有可能變成鬥地主。朱元璋該怎樣破局而出呢？

他發現自己正在玩一個**向左走向右走**的遊戲：**張士誠**一心求穩，不敢冒進，而**陳友諒**心急火燎。

如果向右走，先解決張士誠，那麼陳友諒一定會在後面為他準備一記提神醒腦的「千年殺」❷。

而如果向左走，先解決陳友諒——

張士誠可能仍然保持「萌萌噠」的狀態。

於是朱元璋決定先跟陳友諒來個大決戰。果然，朱元璋經過一場苦戰終於把陳友諒幹掉了，然後他調轉槍頭，把「萌萌噠」的張士誠順利給收拾掉。

朱元璋靠著過人的謀略,把兩個性格不同、風格迥異的強勁對手全部吞併,最後成了所有造反派中的王者。

世上哪有什麼性格不合,
是人家沒想要你。

——朱元璋

剩下的工作,就是一路北上,把苟延殘喘的最終 boss **元朝** 幹掉了。

不過在此之前,還有一件很重要的事。朱元璋終於長舒一口氣,在自己的地盤**應天府**宣布,一個全新的漢人王朝誕生了:

驅逐胡虜,恢復中華
立綱陳紀,救濟斯民。

這就是**大明王朝**。

關於大明王朝的故事，我們
《半小時漫畫中國史5》見！

知識小補丁：

大家有沒有發現，我們最後沒聊
韓林兒這個人。

他沒什麼本事，但因為是紅巾軍
創始人**韓山童**的兒子，全程是吉
祥物一般的存在，被劉福通奉為
小明王，打算起義成功，就擁立
他當皇帝。

但後面劉福通掛了，吉祥物只能
轉手給朱元璋。後來韓林兒被朱
元璋接去南京，走到半路，淹死
了。

有人猜測這事件就是朱元璋幹的。

但不管怎麼樣，正是因為沒了韓林兒，朱元璋這個皇帝才能當得心安理得。

所以提到韓林兒，總是能讓人想起《倚天屠龍記》中的**張無忌**，有沒有？

三、元朝帝國

4. 番外篇① ──元朝為何這麼短命？

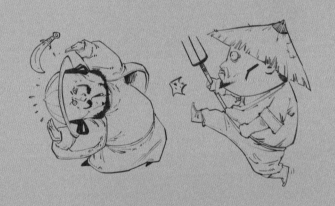

一說到元朝，通常耳邊都會響起一首嘹亮的背景音樂：

靠著彪悍的馬上功夫，蒙古人一路幹掉了西遼、金、宋，甚至衝出了亞洲，在歐洲也掀起了一股最炫蒙古風。

可這風，來得快，去得也快。

不到一百年，元朝就被一幫農民軍給打趴了。

無數的例子告訴我們，一個彪悍的漢子突然變得弱不禁風——

說不定是得了什麼怪病。

這根脈，就是它的**經濟命脈**！

所以我們就從經濟的角度聊一聊：

為何元朝如此短命？

在元朝短暫的一生中，它的經濟軌跡很簡單，就是一條不規則的拋物線。

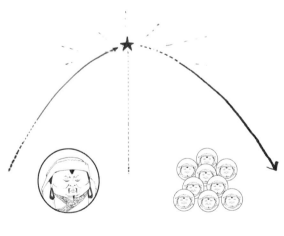

忽必烈時期，
經濟嚕嚕嚕。

不同「宗」輪流上，
各種坑坑。

一、忽必烈奮鬥史

通常在聊一個朝代的經濟時，主要看兩方面：

農業　　　　　　　　商業

我們先來看看**農業**。

　　話說蒙古人剛開始掃蕩天下時，他們搶到地盤後特愛幹一件事：把耕地變為青青牧場。

後來到了**窩闊台**時期，一個漢子看不下去了：

阿材不僅鬍子長，見識也長，於是跳出來跟窩闊台說：

窩哥，農業稅聽過嗎，
人頭稅聽過嗎？

再不濟，多吃粗糧能減肥，
總聽過吧？

後來變耕地為牧場這種事，大大減少了，不過為時已晚，北方農業已經遭到嚴重破壞。

　　或許是受了耶律楚材等人的影響，忽必烈入主中原時，他已經完全開竅，特別清楚農業的重要性！

　　並且整了個響亮的口號：**以農桑為急務！**

沒有田哪有泥（你），
沒有泥（你）哪有我？

不僅口號要宣傳到位，戰略還要能落地。於是他制訂了幾個落地方案：

1. 勸農種田

蒙古人南下初期，又是殺人放火，又是變耕地為牧場，老百姓種地的積極性很受打擊。

因此忽必烈設立了**勸農司**，成員們的日常職責就是：

2. 開墾荒地

忽必烈還鼓勵大家開墾荒地。誰開墾的歸誰，還會減農業稅。

此外，朝廷還把耕地面積和農戶數量的增減，列為了公務員考核標準。

所以說，別以為忽必烈只會騎馬射大雕，估計人家還選修過**人力資源管理**。

3. 技術指導

俗話說，凡事都講究個技術！技術不好，整年白忙活一場，你說憋屈不？

於是忽必烈讓人整合了前人的種地經驗，出了一本種植技術指導手冊——**《農桑輯要》**。然後讓各地公務員上山下鄉進行指導。

內贈種葵花寶典，了解一下？

4. 鼓勵種棉花

雖然棉花老早就傳入了中國，但一直以來種的人都不多。
估計烈哥在草原時被凍傷了，所以他大力鼓勵農民種植棉花。

正巧當時一個叫**黃道婆**的大媽，從海南鍍金歸來，帶來了先進的紡織技術，
於是紡織業也蓬勃發展起來了。

另外，還有**興修水利、發展副業**等一系列措施，就不一一展開說了。

　　總之，在忽必烈加班加點❷幹了二三十年後，經歷了戰亂的農業恢復得相當不錯：

　　各地糧食產量也增加了，棉花種植也流行起來了，農業形勢看起來一片大好。

　　老百姓的溫飽問題一旦被解決，大夥就能閒下心來，做點其他事了。

比如說**商業**。

對於商業，蒙古人打基因裡就很看重。想當年他們還在大草原上套馬的時候，除了肉和草之外，要什麼沒什麼，因此很多生活用品都得靠做生意來換。

在重商基因的加持下，忽必烈把元朝商業送到了中原歷史上的巔峰。

那他是怎麼做到的呢？

1. 少收稅

對商人來說，做生意最大的動力就是不會白忙活 ❸，朝廷能鼓勵他們的具體做法就是少收稅。

在忽必烈時期，皇帝直轄地的商業稅一度降到了**六十稅一**，一批貨賣了六十塊，只上繳一塊。

繳夠國家的，
剩下的都是自己的＝＝美滋滋！

這個比例在古代來說算是比較低的。甚至他還給一些做買賣的船工、船商免除了朝廷要求的義務勞動。

2. 保護貿易

當時的商人做生意，經常會遇到這種情況：

忽必烈的做法也很生猛：直接派軍隊護送。

3. 改善交通

早在宋代，水上貿易就很發達了，忽必烈聰明地繼承了這套玩法：

外貿（港口）+內河（城市）

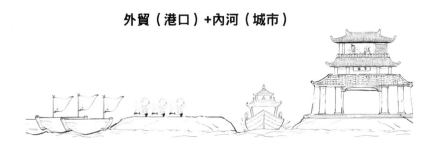

在此基礎上，水上貿易得到更進一步的發展：對外，發展了更多貿易口岸，比如泉州港；對內，又疏通了京杭大運河、通惠河道等。

而且元朝的造船技術很發達，商船能一路經過東南亞，到達埃及、阿拉伯半島等地。

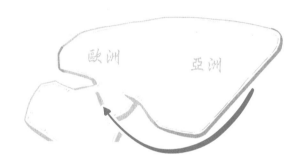

除了海上貿易，忽必烈又進一步發展了**草原絲綢之路**。

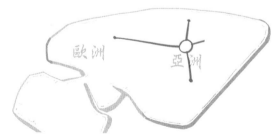

構建起了北至西伯利亞、西經中亞到歐洲、東抵東北、南通中原的陸上貿易網絡。

還沿途設立驛站，為商人提供便利。這就是**驛站制度**。

如此發達的海陸交通，讓元朝構建起了一個**橫跨歐亞非的貿易商圈**。

除了這些操作，為了支持商業的進一步發展，忽必烈還有一項更大的手筆：

發行紙幣。

早在元朝之前，宋朝就玩過紙幣了。但紙幣真正在**全國範圍內開始流通**，是從元朝開始。下面就來看看。

二、忽必烈玩紙幣

隨著元朝貿易風生水起，出現了這樣一個問題：

這對當時遠途的商業交易很不利，怎麼辦呢？

忽必烈從宋朝和大金身上受到啟發，以白銀為支撐，發行了紙幣：

中統鈔

為了讓老百姓接受紙幣，忽必烈也費了不少勁，比如，禁止大家用金屬貨幣進行交易。

剁手不能用它，不然真的剁手！

再有，繳稅時，得用紙幣。

但好景不長，沒過多久這套紙幣的制度就崩了。

原因是當時忽必烈逐漸減緩了對外擴張的腳步，得到的金銀珠寶就變少了，導致**財政收入**不夠花了。

那怎麼辦？

印紙幣。

但市場上商品就那麼多，突然印出這麼多錢來，物價只能噌噌噌暴漲。就問這時候幾個人能買得起？

沒錯，結果就是**通貨膨脹**了！

於是滿大街的老百姓，都開始問候忽必烈的老母親。

但作為一個在草原上套過馬、射過鵰的漢子，忽必烈的人生格言是：

一次不行，就來第二次！

於是忽必烈進行了貨幣改革，新換了一套紙鈔：**至元鈔**。

後期至元鈔也出現了通貨膨脹的現象，但在忽
必烈時期，這個情況還不是十分嚴重。

　　但無論怎麼說，紙幣的流通，一定程度上促進了元朝商業的發
展。

　　不僅如此，元朝的紙幣還曾一度在東南亞流通過，有點像亞元
的感覺。

忽必烈就這樣辛辛苦苦幹了三十多年，終於把元朝推上了商業極度繁榮、其他方面也不賴的狀態。

然而隨著忽必烈一掛，元朝就撐不住，開始走下坡了……

三、元朝經濟的大崩潰

前面說過，元朝廷頻繁地發生奪位政變。

然而，打架燒錢，天經地義！

除此之外，蒙古人還有個風俗：一旦上位，都要給王公貴族們賞賜，而且是大賞特賞那種。

而在忽必烈死後的四十年裡，就這麼連換了十個皇帝。

因此，在此期間，元朝財政開銷巨大，國庫經常是入不敷出。

怎麼辦呢？

面對這個問題，皇帝們都選擇了最粗暴的解決方法。

方法一：多收稅

各種商業稅噌噌噌暴漲，短短二三十年間，鹽稅增長二十多倍，茶稅增長兩百四十多倍。

這生意沒法做了，回家種地去了！

種地？農業稅也是水漲船高！而且當時的農民更慘。

蒙古王公及漢族功臣占領大片的田地，但是他們不用繳稅。因此，沉重的農業稅都落在了自耕農或是小地主的頭上。

有些人繳不起稅，就只能靠借錢，可萬一借的錢還不上，土地就只能被搶走⋯⋯

這就是元末的**土地兼併**！

除了土地兼併，元朝還有個超級變態的玩法：**賜田制度**。

就是說，皇帝可以隨便劃一大片地，賜給蒙古人，所以元朝中期後，皇帝換得越快，賜田的事情也就越多。

因此很多自耕農和地主都過著朝不保夕、瑟瑟發抖的日子。

像劉福通這樣的元朝末期造反領導者，就是地主階層。

方法二：多印錢

印鈔機在手，花錢不愁。國庫吃緊，開動印鈔機就是了！

於是通貨膨脹越來越嚴重，才短短幾年，物價就上漲了十多倍。

於是元朝經濟開始全面崩潰……

很快，天公也不作美，連續幾年雨水不停，黃河泛濫，朝廷徵十五萬人修治黃河。

但國家沒錢，賑災時只能給大家發一些沒用的紙幣。

接下來嘛……

莫道石人一隻眼，挑動黃河天下反。

所以說，元朝的短命，看似是因為政治問題，但其實是因為經濟問題。經濟的全面崩潰，才導致百姓難以生存，繼而群起反抗！

三、元朝帝國

5. 番外篇② ── 風靡娛樂圈的元曲

元朝，雖然只刷了九十多年的存在感。

不過，在元朝紛亂動盪的社會環境中，老百姓的精神世界因為一樣東西的存在，變得更加多姿多彩。

沒錯，就是**元曲**。

作為語文課鄙視鏈底端的物種，元曲不怎麼招人待見。

現在就帶大家掃除這個人前耍帥的死角！

一起來看一下：

元曲的一生

有關元曲的說法眾多，今天就按主流的說法來講。

話說，元曲其實是一對雙胞胎！

分成這兩種：

老大：元散曲　　　　　　**老二：元雜劇**

主攻**詩詞**方向，　　　　　主攻**戲曲**方向，
類似一首首歌；　　　　　　更像一齣齣劇。

我們一個個來說。

一、元散曲

雖然元散曲聽起來挺陌生，但其實我們小時候就學過：

> 枯藤老樹昏鴉，
> 小橋流水人家，
> 古道西風瘦馬。
> 夕陽西下，
> 斷腸人在天涯。

—— 馬致遠《天淨沙·秋思》

看到這裡，很多同學就呆了，**怎麼跟宋詞這麼像呢？**

宋詞

詞牌　　題目

醜奴兒·書博山道中壁

正文

少年不識愁滋味，愛上層樓。
愛上層樓，為賦新詞強說愁。
而今識盡愁滋味，欲說還休。
欲說還休，卻道天涼好個秋。

元散曲

曲牌　　題目

天淨沙·秋思

正文

枯藤老樹昏鴉，
小橋流水人家，
古道西風瘦馬。
夕陽西下，
斷腸人在天涯。

為什麼會是這樣呢？因為甭管宋詞還是元曲——

其實都是古代流行歌！

故事是這樣的：

在唐朝的時候，**漢族**和**西域**的音樂來了一次跨界大融合，搞出了一個聯名款：**燕樂**。

可光有音樂，沒什麼意思，於是就有人填上了詞。

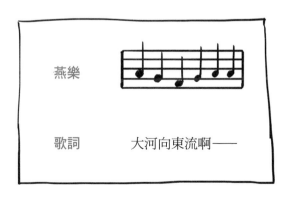

這就是詞的雛形，叫**曲子詞**。

這種形式，一出現就大受歡迎，瞬間席捲了整個娛樂圈，並漸漸分出兩個流派：**高雅派和通俗派**。

我們先來看看**高雅派**。

有 freestyle 嗎？

首先，來了一撥**文化人**，他們提高了詞的文學水準，擴大了詞的影響力。

不同的曲子，就是不同的詞牌。

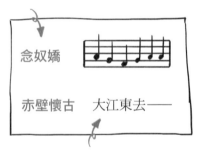

念奴嬌

赤壁懷古　大江東去──

而歌詞也有了很多要求，比如格式，文字也更文藝。

就這麼發展到宋朝，詞走向了人生巔峰——

後來，詞就成了高雅文學，漸漸和音樂沒什麼關係了。

我們再來看看**通俗派**。

金朝占領北方之後，民間歌曲加入了一些新元素：**北方遊牧民族音樂**。

每！一！次！
都在徘徊孤單中堅強！

在金朝末年，**元散曲**就正式誕生了！

配的音樂叫**曲牌**。

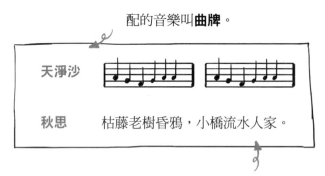

天淨沙	♩♩♪♩♪♩ ♩♩♪♩♪♩
秋思	枯藤老樹昏鴉，小橋流水人家。

與宋詞相比，填的詞更加口語化。

而那些**文化人**又來了，提高了散曲的文學性和影響力。

天青色等煙雨，
而我在等你──

就這樣，**元散曲**也
達到了巔峰。

　　雖然宋詞和元散曲看起來相似，其實有很多不同，比如曲子、格式等。

　　其中很重要的一點，就是元散曲的語言**直白通俗**，非常口語化，專門講老百姓聽得懂的故事。

舉個例子：

　　我是個蒸不爛、煮不熟、捶不扁、炒不爆、響噹噹一粒銅豌豆。
　　　　　　　　　── 出自關漢卿《一枝花‧不伏老》

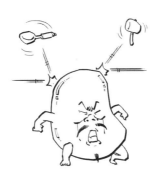

元散曲非常口語化，根本不用翻譯，通俗得都快掉渣了。

那元雜劇呢？

歌和音樂劇的差別。

元雜劇和元散曲，用的音樂差不多，可以這麼粗暴地理解：把元散曲用的音樂組合起來，然後再配上戲文表演出來，就成了元雜劇！

元散曲和元雜劇的關係一直頗有爭議，不過散曲誕生早於元雜劇，所以很多觀點認為元散曲就是元雜劇的基礎。

二、元雜劇

元雜劇，我們其實也早就見過，比如《竇娥冤》：

地也，你不分好歹何為地？
天也，你錯勘賢愚枉做天！
　　　　── 出自關漢卿《感天動地竇娥冤》

元雜劇在戲曲界的地位，那是相當高，元雜劇的誕生更是中國戲曲成熟的標誌。

為何這麼說呢？這就要從頭說起了。

中國的戲曲，最早可以追溯到原始社會的祭祀活動；

與鬼神溝通，
這種叫巫；

要嚇跑鬼怪，
這種叫儺（ㄋㄨㄛˊ）。

　　歷經秦、漢、唐、宋等朝代，也誕生了不少形式的表演，比如：

春秋戰國的俳優
主要表演歌舞，或者講個笑
話之類的。

漢時的蚩尤戲 ❶
扮作蚩尤對抗，有點像摔
角。

隋唐的歌舞
開始在歌舞中，加入一些情
節。

唐宋的滑稽戲

搞笑為主，有時候也諷刺一下時政。

形式是多種多樣，但都算不上是**真正成熟的戲曲**。

著名學者**王國維**，曾對戲曲下過這樣一個定義：

戲曲者，謂以歌舞演故事也。

意思是說，真正成熟的戲曲，需要滿足幾個必要條件：

有歌舞　　　　　有表演　　　　　有故事

在這三個條件裡，歌舞表演問題不大，關鍵就在這故事上。元雜劇出現以前的歌舞表演，要麼沒故事，要麼故事不完整。

話說寶娥，昆蟲綱中之鱗翅目……

元雜劇很幸運，有個大老幫它解決了問題，這個大老就是**說書**。

說書在古時候也叫說話，興起於宋代，說白了就是講故事，改一改，那就是上好的劇本。故事的問題就這麼完美解決了。

說書對後來的明清小說也影響頗深，有觀點認為《三國演義》就是根據說書人的話本蒐集整理寫出來的。

當然，元雜劇達到這種成就，原因很多。除了上面我們聊的那些因素，元雜劇之所以能有那麼高的地位，還有時代背景貢獻的兩個助攻：

1.宋元的「大大大大大大」城市

宋元的商業非常發達，很多重要的城市或港口變身超大城市，動不動人口就上百萬。

這時已經取消了宵禁，上百萬人口聚居在一起，總繞不開一個話題：

下班後去哪裡浪❹啊？

K歌？

追劇？

大寶劍❺？

於是，就誕生了民眾喜聞樂見的娛樂場所：

勾欄瓦舍

在這裡，各種歌舞表演一應俱全，說書的，唱歌跳舞的，演雜技的，全都有。

這樣，有了專門的場子，有了廣大的觀眾基礎，戲曲的發展也變得十分迅速。

2. 科舉沒了！

科舉制一直是古代文人的命根子，要想不被同齡人拋棄，就得玩命學習，考科舉。

但是到了元朝，有八十年的時間都沒有舉行過科舉考試。

辛辛苦苦寒窗十年，結果不考試了，文人做官的途徑被堵死了。

原本，戲曲是屬於俗文學，而文人一般喜歡詩啊詞啊一類的高雅文學；但是現在迫於生計，很多文人只好靠寫戲曲劇本生活。

這些人，文才那是「槓槓的」 ❻ ，讓元雜劇誕生了一批優秀作品，奠定了元雜劇的地位。

在諸多條件的加持下，元雜劇開始爆發，它的發展造就
了——

中國戲曲史上的第一個高峰！

那之後元雜劇
怎樣了呢？

元雜劇之後的發展，跟一種叫作**南戲**的戲曲有關。

請叫我 Nancy
洋氣！

南戲誕生於宋朝，也屬於
戲曲的一種。

故事是這樣的：

元朝和南宋並存時，戲曲界的格局是，北邊元雜劇發展較好；南邊南戲有待成長。

元朝滅了南宋之後，南北戲曲有了一些交流，在元雜劇的影響下，南戲也慢慢變強。

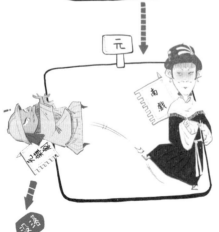

不過，教會徒弟餓死師父，慢慢地元雜劇就沒落了，南戲卻發展起來了。

發展到明朝，就出現了中國戲曲的第二個高峰——**明傳奇**。

明傳奇有四大聲腔，其中的崑山腔發展成崑曲。

崑曲號稱百戲之祖，後來的京劇等戲曲的形成，都和崑曲有關。

　　元曲可以說是詩詞、戲劇兩開花，其中元雜劇以直白通俗的文字，成為中國俗文化的代表。如果想深入了解，可以看看王國維的《宋元戲曲史》。

好了，有關元曲就講到這裡。

有看有懂‧詞語小教室

一、五代十國廣場舞

1.三黃雞：指羽毛黃、爪黃、喙黃，肉質嫩滑，皮脆骨軟，味道鮮美的肉雞。

2.手殘黨：原指遊戲中，手指不靈活，操作不好的玩家，後來，泛指生活中辦不好事情的人。

3.萌萌噠：原是親吻動作的擬聲詞。用以表達「太可愛了」之意。

4.擼串：指吃燒烤。肉和菜串在竹籤上，用動詞擼來使其生動化。

二、大宋風雲──1.突如其來的陳橋兵變

1.剛、硬剛：有正面對抗的意思。由遊戲用語「正面剛」演變而來，是主動出擊、打擊對手的意思，漸漸的演變為剛、硬剛，之後漸漸在網路中流行開來，成為了網路用語。

2.蒙圈：源自東北口語，形容對某些事情犯迷糊，暈頭轉向，不知所措的精神狀態。

3.塑料兄弟：「塑膠姊妹花」一詞的衍生說法，用來調侃男生（女生）之間虛假長久的兄弟（姊妹）情誼。

4.土豪：是指豪爽地花錢的人，不一定是真正的富人。

二、大宋風雲──2.文藝青年宋徽宗上台

1.純爺們：網絡流行語，一般指的是有男子漢氣概的男人。

2.花石綱：歷史上專門運送奇花異石以滿足皇帝喜好的特殊運輸交通名稱。在北宋徽宗時，「綱」意指一個運輸團隊，往往是10艘船稱一「綱」。

3.瞅啥：東北方言。「瞅」就是「盯著看」的意思，就是說，你看什麼！含有挑釁的意思。

4.公眾號：社群媒體上一類代表個人或組織官方的帳號，可將內容推送給訂閱該帳號的使用者，或提供部分服務。

二、大宋風雲──3.北宋被逼成了南宋

1.搗鼓：擺弄、玩弄。

2.外掛：不是內建的，而是需藉由外加的設備輔助。

3.硬核：譯自英語「hardcore」，原指一種力量感強、節奏激烈的饒舌音樂風格，後引申指有一定難度和欣賞門檻的事物。形容「很厲害」「很彪悍」之意。

4.歇菜：網絡流行語，表示已經沒有辦法、無路可退或被迫結束的意思。一般帶有貶義，表示死、完蛋、沒戲、下台、走開、沒辦法、不行等意思。

5. 死磕：北京話，就是沒完，和某人或某事作對到底的意思。

二、大宋風雲——4.彪悍的蒙古人來了！

1.顯擺：顯示與誇耀，也作「顯白」。

2.尿性：源自東北方言。一般在善意的調侃中經常出現，非常具有幽默感，是形容一個人在某方面很厲害或辦事能力很強，同「牛B」的意思。在東北，對別人的做法或態度表示讚嘆時，常常會說「這個人真尿性」。

二、大宋風雲——5.番外篇：宋朝為何這麼有錢？

1.蒼蠅館子：指四川一些沒有經過精美裝修但是味道很好的小飯館，在成都是指價格低廉鋪面窄小的飯館，形容它們的小和廉價，是一個愛稱，而非貶義。

2.假把式：就是根本不會的人在裝腔作勢、做樣子，意味著在敷衍唬人。

3.滾犢子：東北方言，意思是叫人躲開、滾蛋，是貶義詞。

三、元朝帝國——1.蒙古從二手小弟成為歐亞大老

1.公攤面積：全稱分攤的公用建築面積，它是由整棟樓所有產權人共同所有的公用部分的建築面積。它與套內建築面積之和構成了一套商品房的建築面積。

三、元朝帝國——2.把元朝歷史分成三段看，就都搞清楚了

1. 光桿司令：沒有兵卒部屬的指揮官。比喻無人支持、沒有助手的領導人。

2.紅紅火火：形容旺盛或經濟優裕的生活。近義詞有蒸蒸日上、如日中天、

五彩繽紛、熱熱鬧鬧。

3.鄙視鏈：就像是食物鏈，大魚看不起小魚，小魚看不起蝦米。

三、元朝帝國──3.近百年都壓不住的農民起義

1.猥瑣發育別浪：網路遊戲用語，是叫你退回來別急著打人之意。引申意為做人要低調，不要衝動，不要瞎得意。

2.千年殺：日本漫畫《火影忍者》作品中的一種體術，因該術會使人嘗到猶如千年之死般的痛苦而得名。

三、元朝帝國──4.番外篇①：元朝為何這麼短命？

1.海歸：指的是海外留學回國就業的人，諧音為「海龜」。

2.加班加點：是標準工作時間之外，延長員工工作時間的一種工時制度。

3.白忙活：是方言，意為白費力氣、徒勞無益。

三、元朝帝國──5.番外篇②：風靡娛樂圈的元曲

1.蚩尤戲：一種古代技藝。秦漢間人相傳蚩尤鬢髮如劍，頭上長角，與人相鬥則以角牴人。故民間以此為戲，演出者頭戴牛角，而相互牴觸。

2.洗稿：脫胎於「洗錢」的新詞，主要用於針對文字作品的轉載改編行為。就是把別人的稿子拿來洗一遍變成自己的稿子，簡單來說就是抄襲。

3.積分落戶：積分落戶制度是指要以就業、住所、保險等指標來計算分數，分數夠了才可以在該城市落戶。

4.去哪裡浪：浪是代表玩的意思，但是帶有舉止輕佻的貶義。一般形容人，表現出一種玩世不恭、自信膨脹、不按常理出牌的行為和心理狀態，帶有無所謂、我行我素、行為隨意、舉止輕佻的意味。

5.大寶劍：網路用語，保健以前常被用作養生理療的按摩，因為有些店打著按摩的旗號卻做著特殊交易，因此保健一詞慢慢被帶上了情色交易的含義，如今作為網路用語的「大保健」一詞也演化成了這類交易的代名詞，因此男人間常常互相調侃「請你去大保健」，也用作「大寶劍」。

6.槓槓的：中國東北方言，形容某事某物，品質或質量很好，形容人，尤指人品方面很好。華東地區也常使用，意思是很好，非常好。

國家圖書館出版品預行編目資料

半小時漫畫中國史. 4：一到宋元，梗就撲面而來！/ 陳磊
（二混子）著. -- 初版. -- 臺北市：究竟出版社股份有限公
司, 2023.12
　　336面；14.8×20.8公分 -- （歷史：84）

　　ISBN 978-986-137-419-2（平裝）
　　1.CST：中國史　2.CST：通俗史話　3.CST：漫畫
610.9　　　　　　　　　　　　　　　　112017274

www.booklife.com.tw　　　　　　　reader@mail.eurasian.com.tw

歷史 084

半小時漫畫中國史4—— 一到宋元，梗就撲面而來

作　　者／陳磊（二混子）
發 行 人／簡志忠
出 版 者／究竟出版社股份有限公司
地　　址／台北市南京東路四段50號6樓之1
電　　話／（02）2579-6600 · 2579-8800 · 2570-3939
傳　　真／（02）2579-0338 · 2577-3220 · 2570-3636
總 編 輯／陳秋月
副總編輯／賴良珠
責任編輯／賴良珠
校　　對／柳怡如 · 賴良珠
美術編輯／李家宜
行銷企畫／鄭曉薇 · 陳禹伶
印務統籌／劉鳳剛 · 高榮祥
監　　印／高榮祥
排　　版／莊寶鈴
經 銷 商／叩應股份有限公司
郵撥帳號／18707239
法律顧問／圓神出版事業機構法律顧問　蕭雄淋律師
印　　刷／祥峰印刷廠
2023年12月　初版

原書名：《半小時漫畫中國史4》（第四集）
作者：陳磊 · 半小時漫畫團隊
本書中文繁體版由讀客文化股份有限公司經光磊國際版權經紀有限公司投權究竟出版
社股份有限公司在全球(不包括中國大陸,包括台灣、香港、澳門)獨家出版、發行。
ALL RIGHTS RESERVED
Copyright2019by 陳磊·半小時漫畫團隊